ルーズベルトは米国民を裏切り日本を戦争に引きずり込んだ

アメリカ共和党元党首
H《ハミルトン》・フィッシュが暴く日米戦の真相

青柳武彦

Hamilton Stuyvesant Fish

はじめに

●日本人の誇りと魂の救済のために

日本の最大の敵は日本人自身の自虐史観だ。戦後、米国は厳しい言論統制を行って「日本の軍国主義者が侵略戦争を行ったので、米国が正義の鉄槌を下して悪の日本を懲らしめた」という虚構を広めた。日本人が誇りを取り戻すためには、こうした虚構を打破して、そこから脱却しなければならない。

筆者は、機会ある毎に次の通りの説明をしてきた。

「ルーズベルト大統領は、ドイツのナチスを抑え込むためには米国が立ち上がらなければならないと考えていた。しかし米国の八十五％は不干渉主義だったし、ルーズベルト自身も戦争をしないことを公約して大統領になったので、世論を変える必要があった。

そこで、ルーズベルトは当時、有色人種のくせに世界に台頭して目障りだった日本をして米国に戦争を仕掛けさせることを考えた。そして米国議会にも国民にも内緒で実質的な宣戦布告（ハーバート・フーバー元大統領の表現）に等しい無理難題を押し付けて、真珠湾攻撃に立ち上がらせた。そして日本の卑怯な不意打ちを演出した。米国民は大いに憤激して、国内世論は一挙に戦争容認に傾いた。これによりルーズベルトは首尾よく戦争を開始することができた。日本は、こうした経緯の犠牲になったものである」

しかし聴衆の反応には「青柳さんの話は良くある陰謀論の類で、面白いけれども信じ難い」というものが多かった。しかし、これでは事実の直視を拒否する姿勢だ。

平成二八年一二月二七日、安倍首相はオバマ大統領と共に真珠湾のアリゾナ記念館を訪れて犠牲者を慰霊した。オバマは「日米両国民の和解と協調の力を示す歴史的行為である」と述べた。朝日新聞は日本軍の攻撃で負傷した（元）米兵士が「日本兵も命令に従っただけ」と寛容な姿勢を見せたと報じた。日本嫌いのニューヨーク・タイムズは、「安倍首相は哀悼の意を表明したが、謝罪はしなかった」と報じた。しかし両国のどのマスコミも、この事件の真の元凶は、ルーズベルト大統領であることには触れていない。そこで本書では、当時の共和党の党首で正義感にあふれたハミルトン・フィッシュ（Hamilton Fish）が真相を知るに及んで憤慨し、米国民に読ませるために著した『Tragic Deception（悲劇的欺瞞）』（一九八三年）を紹介することを通じて、歴史の真相に別の角度から迫ろうとするものである。

ただし、この著作は現在の国際政治学のレベルからいうと疑問な点が多々あり、かつ幾つかの点で筆者はフィッシュとは意見を異にする。本書は、そのような個所にコメントを付して、筆者の国際政治論をフィッシュの著作を手掛かりにして立体的に展開したものである。

●ハミルトン・フィッシュ

ハミルトン・フィッシュは、日米開戦の時期に野党ではあったが、米国の二大政党の一方を占めていた共和党の党首であった。前述の著書『Tragic Deception』の邦訳は『日米・開戦の悲劇』監訳：故・岡崎久彦（一九九二年　ＰＨＰ文庫）として刊行されている。この著作（以下、単に「原本」と称す）は、極めて重要な多くの史実を説得力を持って語っているので、是非ともできるだけ多くの日本国民に読んで欲しいと願っている。

●日米関係は日本の安全保障の要

誤解を避けるために冒頭で述べておく。本書にはかつての米国の行為を厳しく批判する部分があるが、決して現在の米国を非難したり攻撃したりするものではない。それどころか筆者は熱心な親米主義者である。

ドナルド・トランプが米国大統領に就任して今後どのような変化が生じるのかは、本書執筆の時点では未だ判然としない。しかし米国が今後とも民主主義と自由を標榜し続ける限りにおいては、世界最強の大国である米国と日本が強固な同盟関係を維持してゆくことが世界と日本の平和と繁栄のためには必要であると考えている。ただし、当然のことながら米国が護るのは米国の国益のみであって日本のそれではないことには、常に留意する必要がある。

大東亜戦争の開戦の経緯には、当時のルーズベルト大統領による極めて卑怯な策謀があったという事実が明らかになっている。しかし、現状における米国の大勢はそれを積極的に評価しようとしている。ルーズベルトなりの愛国心の現れであるというのだ。そして真相を究明して批判を加える者を修正主義者と決めつけて、無視しようとしている。残念ながらこの傾向は、もうしばらく続くだろう。

今、日本が米国を責めたてて彼らの痛い腹をキリキリとえぐっても、何の益もない。真相究明は、しばらくは米国の自浄能力に任せておいた方が良いだろう。ただし、歴史の真実を正しく認識することは、日本人が自虐史観から脱却して日本民族としての誇りを取り戻す為に、絶対に必要なことである。学校の教科書では、こうしたことは決して教えてくれないので、本書は大きな役割を果たすことが出来ると筆者は信じている。

●本書の意義

本書の意義はルーズベルトの欺瞞を明らかにして日本人の誇りを取り戻す一助にしたいというものである。そうした欺瞞の背景には、当時の米国の与党・民主党のルーズベルト大統領の積極的国際平和主義と、野党・共和党が主導する不干渉主義（一国平和主義）の対立があった。

当時、米国の大勢（民主党を含む）は不干渉主義であったにもかかわらず、ルーズベルトは自らの主義主張を実行するために、米国内の正当な手続きを踏まずに米国民を騙したのである。彼は欧州各国に積極主義を取るように促して大量の武器を供与し、米国もすぐに参戦するとオーバー・コミットメントをし、かつ参戦の環境を作るために米国民に内緒でハル・ノートを日本に突き付けて日本を開戦に追い込んだのだ。

欧州では一九三九年にドイツがベルサイユ条約を破棄してポーランドに侵攻し、これを契機として第二次世界大戦が勃発した。それまで、ルーズベルトは欧州各国のドイツに対する優柔不断さを痛烈に批判して、強硬策をとることを主張してきた。特に英国と仏に対してはポーランドに対する強力な支援（軍事的支援を含む）をすることを主張してきた。

英国と仏はポーランドに支援を約束し、ポーランドも、それをあてにしてドイツとの交渉を強硬に行った。しかしそれは裏目に出て、ドイツの侵攻を招く結果となった。英国と仏は直ちにドイツに宣戦布告をして、同時に米国に対して即時参戦を求めて矢の催促をしてきた。英国と仏は宣戦布告をしたものの、ドイツと本格的に戦う意思も能力もなかったのである。

熱烈な愛国者であったフィッシュが、自国の大統領が日本に対して何をしたのか、当時の国際情勢はどうであったのか、そして、その中で日本と日本人はどういう存在であったのかを、フィッシュは米国人に対して自分の言葉で語りかけているものだ。戦後のGHQによる洗脳で誇りを失った日本国民が自虐史観にとりつかれて誇りを失い、日本を貶《おとし》めてばかりいる風潮との対極を示すものだ。

この本はおそらくハーバート・フーバー元大統領の著した『Freedom Betrayed（裏切られた自由）』と並ぶ重要性を持っている。このフーバーの著書とフィッシュの著書の二冊を読まずして、第二次世界大戦及びその後の日米関係を語る事は出来ない。いまだに自虐史観から脱却できないで、反日・

亡国的言辞ばかりを繰り返している多くの日本人にとっては、「目から鱗」が落ちる思いがする筈だ。

これまでも、この二冊と同様に史実の真相を指摘する日本人研究者による書籍や邦訳[1]も数多く刊行されている。しかし日本においては多くの場合、色眼鏡で見られるばかりで、日本びいきが嵩じた「素人のうさんくさい陰謀論」として片づけられてしまっていた。米国においても、真相を指摘した歴史研究が「修正主義」の一言で片づけられてしまってきた事情と同じだ。

しかし、この二冊は違う。決して恣意的な内容ではなく、重要な地位に居た米国人によって綴られた赤裸々な真相なのだ。これは愛国者である米国人の著者が、同国人に読ませようとして書いた書物なのだが、日本人にも強烈な説得力を以って迫ってくる。愛国者の米国人の眼から見た日米戦争勃発の真相を知ることによって、多くの日本人の精神と誇りが救われるに違いない。

●不干渉主義か、積極的国際平和主義か

第一次世界大戦が終了して国際連盟が発足（一九二〇年）した。加盟国は四十二カ国もあり、英・仏・日・伊といった当時のいわゆる列強が常設理事会の常任理事国となった。後にはドイツもソ連（但し後のフィンランド侵攻

1）真珠湾の真相を指摘する書籍及び邦訳：ジョン・コールマン（太田龍 監訳）『真珠湾 日本を騙した悪魔』（成甲書房、2002 年）、フランク・シューラー／ロビン・ムーア（仲晃 訳）『パールハーバーカバーアップ』グロビュー社、1981 年、ロバート・B・スティネット（妹尾作太男《せのおさだお》 監訳＼荒井稔・丸田知美 訳）『真珠湾の真実 ルーズベルト欺瞞の日々』（文藝春秋、2001 年）、ジョージ・モーゲンスターン（渡邉明 訳）『真珠湾 日米開戦の真相とルーズベルトの責任』（錦正社、1999 年）、今野勉『真珠湾奇襲・ルーズベルトは知っていたか』（PHP 文庫、2001 年）、須藤真志『真珠湾〈奇襲〉論争 陰謀論・通告遅延・開戦外交』（講談社選書メチエ、2004 年）、太平洋戦争研究会『太平洋戦争がよく分かる本』（PHP 文庫、2002 年）、徳本栄一郎「スクープ証言と発掘資料が明かす 67 年目の真実 真珠湾攻撃「改竄された米公文書（バリー・プロジェクト）」『現代』2009 年 1 月号、講談社、秦郁彦 編『検証・真珠湾の謎と真実 ルーズベルトは知っていたか』（PHP 研究所、2001 年）、半藤一利『〈真珠湾〉の日』（文春文庫、2003 年）、星亮一『淵田美津雄 真珠湾攻撃を成功させた名指揮官』（PHP 文庫、2000 年）、その他、多数。（注 10 も参照）

により除名された）も参加した。

米国の外交方針は長い間、孤立主義的な不干渉主義と国際平和主義が対立して、せめぎあいが続いていた。米国のウィルソン大統領は国際連盟の実現を熱心に推進したのだが、肝心の米国の上院が之を否決してしまったので、米国は参加できなかった。結局、国際連盟もたいした活動はできずに、一九四六年四月に解散して、その資産は国際連合により承継された。

米国においては、国際連盟への参加を否決してからは不干渉主義が復活した。そして、大恐慌がその傾向を強めた。民主党のルーズベルト大統領は積極的平和主義者であったのだが、米国の国家としての孤立主義的な傾向は抑えることが出来なかった。

民主党のルーズベルトは積極的国際平和主義に立っていたが、民主党の一部と共和党は不干渉主義（一国平和主義）に立っていた。この米国の孤立主義（フィッシュは孤立主義ではなく不干渉主義であると主張している）が大多数を占める環境下で、ルーズベルトは自らの信条を実行するために、議会と国民に隠れてフィッシュのいわゆる、〝悲劇的欺瞞（Tragic Deception）〟を実行して、日本を追い詰めて戦争に巻き込んだのだ。

フィッシュは当時の米国の圧倒的な多数意見であった不干渉主義（一国平和主義）の立場からルーズベルトを批判している。ルーズベルトの卑怯極まりない権謀術策の数々と、日本を追い詰めて犠牲にした行為に関しては、筆者もフィッシュと同様に激しい憤りを感じている。

しかし、筆者は積極的国際平和主義か、あるいは不干渉主義（一国平和主義）かという問題に付いてはフィッシュと意見を異にする。世界一の経済力と軍事力を保有する米国のような国家は、それだけで世界平和に貢献する責務を持っているのだ。

　モナコやリヒテンシュタインのような小国ならば、一国平和主義は通用するかもしれない。それでも若《も》し周辺に覇権主義的な軍事大国が出現すると自らは抵抗することは出来ないだろう。しかし米国のような大国の場合には、不干渉主義にはその考え方自身の中に自らを否定する要素を内蔵している。

　なぜならば、何時かは必ず現在の中国のように覇権を争う国家が台頭して来るだろうし、中東や東欧のように革命や戦争が増えたり、国際的な規模のテロが盛んになったりして、結局は自分の一国平和主義を維持することができなくなるからだ。つまり、大国の場合は不干渉主義では、一国平和主義を貫徹することすらできないのだ。

　立命館大学の安藤次男名誉教授の報告[2]によれば、アーサー・シュレジンガー・ジュニアは次の通りに説いている[3]。「自国に具体的な脅威がふりかかっていないときに世界秩序のために死ぬことは難しい。しかしアメリカがやらなかったら、他の小さな、弱い、貧しい国が世界秩序を保証してくれるはずがない。言葉やカネだけでなく、血を流してでもその役割を果たすのでなければ世界秩序を重視したことにはならないのだ」

　第二次世界大戦後は、スターリンと共産主義の脅威の前ではさすがに孤立主義はかげを潜めて、米国は積極的国際平和主義に転じて、その傾向が半世紀以上も続いた。米国

2）安藤次男立命館大学名誉教授の報告：『アメリカ孤立主義の転換と一九三九年中立法』立命館法学一九九六年一号（二四五号）

3)『原点に帰るのかー孤立主義のあらたな脅威』フォーリン・アフェア誌、七 / 八月号、一九九五年。Aruthur Schlesinger,Jr. “Back to Womb? ” ～ Isolationism’ s Renewed Thread, Fofreign Affairs, July August,1995.

は、一九六二年のＪ・Ｆ・ケネディ大統領の決断によるキューバ危機の回避に象徴されるような積極的な強硬策を取るようになった。

しかし、そのソ連も一九九一年のクーデターによるゴルバチョフ[4]監禁事件をきっかけとして終末を迎えた。エリツィンのロシア共和国政府の主導の下にソ連共産党は消滅し、一見ソ連は完全に崩壊したかに見えた。

しかしウラジミール・プーチン大統領に至るロシア政府の侵略体質、国際政治力、及び核兵器を中心とした軍事力が衰えたわけではなかった。第二次世界大戦が終わると、米ソ間の冷戦時代が訪れた。しかし、それは核兵器の相互抑止力の均衡のおかげで辛うじて戦争に至らないというだけの状態であった。不安定な均衡に過ぎないから真の平和とはいえない、ということを米国民も自覚するようになった。

米国自身が、自らの安全保障は他力本願では確保できないことを認識するようになり、ここに米国の孤立主義の時代は終わったかに見えた。この後、米国の国際政治方針は幾多の変遷を遂げるが、常に孤立主義と積極的国際平和主義の二つの対立する主義が異なる比率で、また異なるニュアンスを持って、互いに一種のせめぎあいの様相を示している。

ソ連が崩壊して米国自身の安全への直接的脅威が薄れると、米ソ間の関係は、国際関係における主導権の取り合いの姿を示してきた。そこに、米国内の財政問題の深刻化、

4）ゴルバチョフ：ミハイル・ゴルバチョフは一九八五年にソ連共産党書記長となりペレストロイカ（建て直し）やグラスノチ（情報公開）などの改革を推進した。新思考外交を展開して緊張緩和を進めて、一九八九年の東欧革命を機にブッシュ（米）との間で冷戦終結を宣言した。しかし、一九九一年の保守派クーデターで監禁された。釈放された後にソ連共産党の解散を宣言し、ソ連自体も崩壊した。最初にして最後のソ連大統領である。

ソ連と中国が拒否権を連発する国連への信頼の低下、国民をベトナムやアフガニスタンの戦乱に投入してきた頑固な国際主義者への不満、などが蓄積して来て、再びオバマ政権に代表される不干渉主義、孤立主義への回帰現象が起きてきたのである。

しかし、オバマの消極的外交政策はシリア問題やウクライナ問題においてロシアに主導権を渡す結果となり、米国民は不満を抱くようになった。二〇一四年に行われた中間選挙においてはオバマ大統領が率いる与党の民主党は歴史的ともいえるほどの大敗を喫した。野党の共和党は下院の多数派を維持したうえで議席を上積みし、上院では八年ぶりに過半数を奪還した。共和党が上下両院を制することでオバマ氏は一段と厳しい政権運営を強いられることになったわけだ。

この時点で、次の大統領は共和党になることがほぼ確定的となったのだ。民主党のヒラリー・クリントン候補は共和党候補に惨敗する筈であった。ところが、共和党の統一候補として、当初は泡沫候補としてしか見られていなかったドナルド・トランプ候補が、その特異かつ破天荒な押し出しと、歯に衣着せぬ発言が米国の静かな投票者（サイレント・ヴォーター）の心をしっかりとつかみ、あれよあれよという間に共和党の統一候補にのし上ってしまった。

それでも米国、日本、及び世界の評者は、トランプを当選させたら米国の「知性の恥である」とまで公言していた。日本の評論家も、木村太郎氏や藤井厳喜氏など数人を除いて全員がクリントン候補の当選を予想していた。

ところが、ふたを開けてみると大方の予想を裏切って、ドナルド・トランプ候補が当選してしまったのである。アメリカ人口約三億人の内、約一億三千万人が投票し、クリントンとトランプが各六千万票弱ずつを集めたが、獲得した選挙人数ではトランプが引き離して、当選を決めた。

トランプ候補が六千百十九万五千二百五十八票を獲得して、選挙人三百六人（過半数は二百七十名）を獲得したのだ。クリントンは六千二百五十二万一千七百三十九票を獲得して全米トータルでは約百三十三万票多かったのだが、獲得した選挙人の数は二百三十二人だったので僅差で敗退した。票数ではなく、州ごとに「勝者総取り（Winner Takes All）」により獲得投票人数で結果を決める方式の故である（二〇〇〇年のブッシュ対ゴアの場合と同じことが起こった）。

勝利した共和党のトランプ大統領の言動は、新たな孤立主義の台頭と見ることが出来るだろう。トランプは、〝強いアメリカへの復帰〟を標榜してはいるが、本質的には完全な一国平和主義を執る孤立主義だ。〝強いアメリカ〟といっても世界の諸国から尊敬され、かつ頼られる国になろうというわけではなく、他国はどうなっても良いから自国だけが強ければそれでよいという考え方だ。

トランプは、オバマに引き続き世界の警察官の役割は拒否し、同盟国にも相応の財政負担を要求している。前述の通り、米国のような大国による一国平和主義の考え方には、矛盾が内蔵されているので、軌道修正が行われない限りいつかは破綻すると筆者は見ている。

●フィッシュの歴史観と国際政治論・批判

前述の通りフィッシュの見解には、現在の国際政治学研究のレベルからいうと疑問、あるいは間違っていると言わざるを得ない点が多々ある。但し、それは原本（『日米・開戦の悲劇　監訳：故・岡崎久彦』）が強力な説得力を以て述べる日米開戦の真相の価値をいささかも減ずるものではない。

たとえばフィッシュの見解では、ドイツがダンチヒ問題についてポーランドと交渉を行いたいとの意向を持っていたがポーランドがドイツとの交渉に強硬策をとった、その強硬策がドイツのポーランド侵攻を誘発したという。そして、これが第二次世界大戦の原因であったという。

したがって随所に、そのような扇動をしたルーズベルト、英仏の対ポーランド圧力、及びポーランドの頑なな交渉姿勢を批判している。そして、もしこうした動きがなかったならば、ドイツは平穏にダンチヒを手に入れることが出来て、第二次世界大戦も勃発しなかったろうと述べている。

アドルフ・ヒットラー

しかし、このフィッシュの見解は、目に見える目先の現象に捉われ過ぎており、歴史の底に流れる大きな潮流を看過している。戦争は、その直接的引き金となった事件の解決だけを目的として起こるものではない。当事者国の、より大きな世界戦略の実行手段の一段階として起こるものだ。

オーストリア・ハンガリー帝国の皇位継承者フランツ・フェルディナント大公夫妻が銃撃されたサラエボ事件は、第一次世界大戦の引き金ではあったが大戦の原因ではなかった。同様に、ドイツのダンチヒ割譲要求とそれを拒否したポーランドの強硬姿勢は、第二次世界大戦の引き金ではあったが、その後に続く大戦の原因ではなかった。

引き金は、大戦勃発のタイミング、場所、方法に大きな影響を与えるが、それがなければ大戦もなかったという程の影響力はない。従って、若しその引き金となった事項がなければ大戦は起こらなかったろうと想定するのは間違いである。戦争をひきおこす必然性を含む大きな流れが存在する限り、何時かは、何処かで、別の形で、そして別の引き金を契機として、戦争のマグマが噴出するものだ。

第二次世界大戦の原因となった歴史の底を流れる大きな流れとは、第一次加害者（第二次加害者はソ連）であるドイツの世界戦略である。それが目指したのは、ドイツ民族の優秀さを反映した世界地図の書き換えであり、ホロコーストを通じての民族浄化であり、ベルサイユ条約体制へのドイツ国民の怨念（欧州諸国に対する復讐と征服）の解決であり、それを実現しようとしたヒットラーの狂気、及びそれを支持した国民の熱狂、等々を全て網羅した複合的要素であると考える。

●本書の説得力の裏付け

上に述べた点で筆者はハミルトン・フィッシュと意見を異にするが、それでも本書を必読書として推したいのは、日米間に戦争が始まった真の理由と、それに関して本書が持つ説得力の故である。

真珠湾事件に関するルーズベルトの陰謀を証拠立てる研究には、このフィッシュの著書を含めて多くの研究者による報告がある。しかし、多くの日本人はそれを信じようとしない。日本の一流と目される複数の歴史家でさえも、ルーズベルトの陰謀説を否定して、「ルーズベルトは本当に何も知らなかった、だから陰謀などはなかった」、という説が長期間にわたって主張されてきた。

しかし、その陰謀否定説の多くの論拠は、「若しルーズベルトが日本軍の急襲を事前に知っていたならば、ハワイをあれほど無防備のままにしておく筈がない」という、ルーズベルトの人間性に信頼を置く(人間として当然であるが)、基本的に無邪気なものが多かった。ハワイを無防備のままに放っておいたのは事実であるから、この事実を証拠立てる書類や証言は無数にある。それが全部ルーズベルト陰謀論を否定する論拠に使われてしまっている。これを打破するためにはルーズベルトの人間性を攻撃するしかない。しかし、そうした議論は日本人が最も軽蔑して忌み嫌うものであるから、議論の信憑性に影響してしまうのだ。数々の「ルーズベルトの陰謀」の根拠が示されているにもかかわらず、日本では相変わらず否定説が根強い所以《ゆえん》である。

そこで、フィッシュのような米国人の熱烈な愛国者で、かつ正義感にあふれる要人の発言が説得力を持つことになる。フィッシュは、かつてルーズベルトと大統領選を争ったことがある共和党の重鎮だった。米国の有力政治家として国民の尊敬と信頼を集め、かつ国の最高の機密情報にも触れることが出来る立場にあった。その人物が語る史実の信憑性には重みがある。内容は極めて説得力に富んでいる。

フィッシュは、第一次世界大戦の折には黒人部隊の司令官として欧州戦線で命を懸けての戦闘にも進んで参加した。無類の愛国者であるフィッシュが、自国の大統領をこれほどまでに激しく批判しなければならないと考えたのは、彼の正義感と公平無私な人柄から出た〝已むに已まれぬ想い〟からだ。

戦後GHQは、虚構だらけのWGIP（War Guilt Information Program、戦争責任情報プログラム、すなわち「悪いのは全て日本で、罰として正義の鉄槌を下された」というプロパガンダ）を日本人に押し付けて洗脳をした。現在に至っても、その影響から脱却できないで、自国をけなしてばかりいる自虐的反日日本人が多いのは本当に残念なことだ。彼等は謝罪や懺悔をすることによって自分では崇高で高潔なことをしているつもりなのだが、実は、祖国日本を貶め辱めているだけなのだ。フィッシュはこういう輩とはわけが違う。

フィッシュがどんなに熱烈な愛国者だったかは、真珠湾攻撃の翌日に彼が下院において行ったルーズベルトの開戦の決断を支持して国民を鼓舞する演説を見ると良く判る（演説全文は本書第二章「パールハーバーの悲劇」に掲載してある）。ただし、この演説は後にルーズベルトの卑怯な権謀術策が明らかになった時点で、フィッシュが憤激して取り消してしまい、悔恨の言葉を述べている。

原本の訳書の題名は『日米・開戦の悲劇』となっているが、必ずしも日米関係のみに目を向けているわけではない。この点は前述のフーバー（元）大統領の『Freedom Betrayed（裏切られた自由）』も同様である。原本では、ヨーロッパにおける第二次世界大戦前夜の世界情勢の考察にかなりの部分を費やしている。米国にとっては、この大戦の主要舞台は対日戦争ではなく、対ドイツ戦争であって、欧州におけるヘゲモニーの確保が主要目的であったことの例証でもある。

フィッシュはドイツがポーランドに侵攻する直前の一九三九年九月に、自らヨーロッパを度々訪れて、リッベントロープ（ヒットラー内閣の外務大臣や親衛隊名誉大将を務め、戦後ニュルンベルク裁判により絞首刑に処せられた）らのドイツ政府首脳とも会談して、ドイツのポーランド侵攻を回避させようと努めた。その前後の事情についても詳しく述べているが、本書では紙面の都合により割愛させていただいた（原本第五章「リッベントロープとの憶い出」）。

●本書の構成

本書の章立て、項目、及び引用文のページ数等は全て原本の故・岡崎久彦氏の監訳になる『日米・開戦の悲劇』（PHP文庫）に基づいているが、第五章については割愛させていただいたため、本書においては第六章を「第五章」とさせていただいた。

本書の仕様として、先ず［原文要約］欄において当該章及び項の内容を要約した。要約と言っても半分以上の分量があるので、かなり詳しいものとなっている。要約部分において書体が「ゴシック」となっているのは原本の表現をそのまま引用したものである。原本の訳注も「ゴシック」に、筆者の補遺または注釈は「明朝」とした。なお、引用部分の傍点については筆者によるものである。

それに続く［解説・コメント］欄において、筆者の解説及びコメントを附した。

［凡例］

数字は、縦書きの関係から全て和数字とし、単位には、十百千万億の漢数字を使用した。ただし年代及び日時については、和数字のみを使う慣例的な表記（例えば二〇一六年一二月一〇日）を採用した。原本では日時については十二月十日のように表記してあるが、本書の通りに修正、統一した。

また日本関連の事項の年については、平成二八（二〇一六）年のように先ず元号年を表示し、その後ろに西暦年を括弧にいれて併記した。必ずしも日本のみに関連しているわけではない事項については西暦年のみを記した。

［構成］

章→■（大項目）→●（小項目）、

［原文要約］→［解説・コメント］

〃〃――一般名詞。または文章を強調する場合。

「」――個人の発言、固有名詞、専門用語、あるいは特定の意味を持たせた単語や文章等。

『』――括弧の中の括弧。論文や書籍のタイトル等。

もくじ

第一章　いかにして米国は戦争にまきこまれたか／55

序章　ルーズベルトの陰謀

■いかにして日本を戦争に引きずり込むか（原本『日米・開戦の悲劇　監訳：故・岡崎久彦』の十九ページ。以下、同様）

［原文要約］

●日米戦争の総括

フランクリン・ルーズベルト大統領は、謀略を巡らせて、その絶大な権力を使って米国を日本との戦争にまきこむことに成功した。ルーズベルトは、われわれをだまし、いわば裏口からわれわれをドイツとの戦争にまきこんだのである。

ルーズベルトが、こんな謀略を巡らせたのは、彼が「あなたたちの子供を戦場には出さない」と言って米国は戦争をしないことを公約して大統領に当選したからである（筆者注：第二章「ルーズベルトの扇動と欺瞞」の「ルーズベルトの嘘と偽善」の項を参照）。日独伊三国同盟を保持していた日本に米国を攻撃させれば、米国は自動的に対日開戦をする大義名分が成立し、欧州戦線にも参戦することが出来ると計算したものだ。ルーズベルトは自ら不戦の公約を無視するために、日本を巻き込んで卑劣な工作を行ったのである。

当時、米国民の八十五％は、第二次大戦はもとより、いかなる外国における戦争に対しても米軍を派遣することに反対していたという現実にもかかわらず、ルーズベルトは欧州戦争の開始当初から、米国は同戦争に参戦すべきであると確信していた。この大戦は結果として三十万人の死亡者と七十万人の負傷者、そして五千億ドルの出費を米国にもたらしたのである。

フランクリン・ルーズベルト

今われわれが教科書で教わっているところによれば、われわれが第二次世界大戦に参戦した理由は、日本によるパールハーバーへの攻撃である。しかし、その後明らかになった諸事実によれば、これは現実ではない。

●ルーズベルトとその一派は非公式〝戦争内閣〟を秘密裡に組織

ルーズベルト大統領とハル国務長官は、パールハーバーの十日前に、日本に対し、意図的に最後通牒（ハル・ノート）を送っている。そのメッセージは「日本の陸・海・空軍および警察を、インドシナ（ベトナム）と満州（中国）から引き揚げよ」というものであった。これによって、日本には、自殺するか、降伏するか、さもなくば戦うかの選択しか残されなかった。

ルーズベルトの目論みは、彼が秘密裏に組織したいわば非公式の〝戦争内閣〟のメンバー、すなわちハル国務長官、スティムソン[5]陸軍長官、ノックス[6]海軍長官、陸軍参謀総長のマーシャル将軍、海軍作戦部長のスターク提督らが一致協力して遂行された。彼らは一一月二五日に非公式の会合を持って日本に対して最後通牒を発したのだ。

最後通牒を発した後の**二日後、大統領は、スティムソンに対して、日本はどうしていまだにわれわれを攻撃しないのであろうか、と口にしている。**彼らは日本が攻撃を仕掛けてくるのを、今か今かとばかりに首を長くして待ち望んでいたのである。

私（フィッシュ）を含めてほとんどの米国人はこうした事実を全く知らされていなかった。当時、**私は、共和党下院議員の九十％の支持および、おそらくは民主党側の半数の支持を得ていた**にもかかわらず、われわれには何も知らせずに彼らはこういうことをあえてやったのである。民主主義国家では、あってはならない経過であった。

［解説・コメント］

●米国内の不干渉主義とルーズベルト大統領の国際平和主義

序章は、原本の全体を総括・概観したものである。その中でフィッシュは、米国の

5）ヘンリー・ルイス・スティムソン：Henry Lewis Stimson、（一八六七―一九五〇年）。ルーズベルト政権下で陸軍長官、フィリピン総督および国務長官を務めた。保守的な共和党員でニューヨーク市の弁護士出身である。終始ドイツに対する攻撃的な姿勢を保った。

6）ウィリアム・フランクリン・ノックス：William Franklin Knox、（一八七四―一九四四年）。一九三六年に共和党の副大統領候補として大統領選挙に出馬したが、一九四〇年から四四年までルーズベルト大統領の下で海軍長官を務めた。

真意は欧州戦線に参戦することであったこと、それを実現する方策として日独伊三国同盟を保持している日本を戦争に引き込んでそれを口実に使うことにしたこと、を明確に述べている。米国を欧州における戦争に参戦させることがルーズベルトの最終目的だったのだから、日本はいわば、ルーズベルトの世界戦略の巻き添えを食ったようなものだった。

ルーズベルトは自らの不戦の公約を帳消しにするために、日本を巻き込んで米国民の民意を操作するという卑劣な工作を行ったのである。戦後GHQが日本人に刷り込んだ「侵略を行った日本に米国が正義の鉄槌を下した」などというストーリーは真っ赤な偽りだったのだ。

そのストーリーは、GHQが日本人に押し付けたWGIP（戦争責任情報プログラム）によって実行された。これは虚構に満ち満ちたもので、占領軍が占領目的をスムーズに達成せんがためのプロパガンダに過ぎなかった。日本が中国大陸に対して侵略行為をしたかどうか、などということは米国にとってどうでもよかったことなのだ。日米開戦とは何の関係もなかったのだ。

しかし、終戦直前に日本の大本営が発表した数々の戦果の情報は全て嘘であったことは間違いなかったので、日本国民は失望し、すっかりGHQ発表こそが真実であると思い込んでしまった。

■ルーズベルトのプロパガンダ（二十一ページ）

［原文要約］

ルーズベルトとその一派による日米開戦の真相の隠蔽工作は、慎重にしかし大規模に行われた。しかも、いったん宣戦布告が行われてしまえば、たとえその時点で、米国がいかにして戦争にまきこまれたかに関する真実を知っている者がいたとしても、その真実を明かすことは反逆行為になってしまったであろう。従って、うっすらと真実を知っていた者がいたとしても、発表されることはなかった。

隠蔽のためのプロパガンダは多岐にわたった。彼らは、対日最後通牒（ハル・ノート）発出をはじめとした種々の事実を隠すための大がかりな作業を行ったのである。

（中略）

ルーズベルトは最後通牒に対する日本の回答（の暗号）を解読したものを受け取った。それを読み終わったルーズベルトはハリー・ホプキンスに向かって、「これは戦争を意味する」と述べた。

その時点で、（本来ならば）大統領は、全軍総司令官として、ハワイ、およびフィリピンの米軍に対し、これを通知すべきであったが、ルーズベルトはこれを行わなかった。なぜか。彼は、彼が日本の米国攻撃を止めさせたくなかったためとしか考えられない。

工作は成功し、真相は表面化しなかった。議会内のだれ一人として、戦争の為の最後通牒、日本の反応、及びその後の事実の隠匿については、少しも知らなかった。現在にいたるまで、依然として多くの米国人はこれを知らないか、または事実に直面することを拒んでいるかのどちらかである。

こうして事実は長期間にわたって隠蔽され続けた。一九八二年ルーズベルトの死後でさえも、A

BCテレビはルーズベルトの生誕百年を記念して彼を誉めたたえるために一時間番組を放映した。それはルーズベルトの生涯を栄光に満ちたものとして美化するものであった。私は、**米国全土に及んだルーズベルトのプロパガンダの規模がいかに大きかったかに改めて驚嘆させられた。**

［解説・コメント］

ハミルトン・フィッシュ

ルーズベルト大統領、およびその側近らが行った隠蔽工作が如何に大がかりで、しかも長期間にわたって継続してきたかは驚異的である。いまだにフィッシュを含めて真相を語ろうとする者は「修正主義者」のレッテルを張られて無視されてしまう風潮が支配的である。フィッシュが書いた原本（本書はその紹介と解説）はそうした隠蔽工作を暴いたものである。

フィッシュはルーズベルト本人が死去してベトナム戦争が終わるのまで待ってようやく本書を刊行した。内容が当時一般に信じられていた史実とあまりにもかけ離れていたので冷却期間を置いて、社会に混乱をもたらさないようにしたかったものだろう。しかし、いつまでも真相を語ることが歴史修正主義のレッテルを張られて無視され続けられることがあってはならないとの考えから、刊行に踏み切ったものと思われる。

■国際的介入主義者の思惑（二十三ページ）

［原文要約］

●近代的・民主主義国家のルール

なぜ私が四十年後になって、われわれの第二次世界大戦参戦に関する真実を、一般に知らしめることが非常に重要であると考えるのだろうか。それは、もしルーズベルトが行ったような大規模な隠蔽工作が、今後とも重大な国際政治的な問題について行なわれる危険性が存在し続けるならば、この核兵器の時代には、米国民が何一つとして知らないうちに米国が或る日突然に破壊的な危険に直面するかもしれないからである。

私の発言に対しては、多くの者が最も偉大な米国大統領と考えている人間に対する不当な攻撃として疑問を呈するむきもあるであろう。私の回答としては、セオドア・ルーズベルトの言を引用するのが最も的を射ている。

「それが正しいか正しくないかにかかわらず、いかなる大統領批判もあってはならないということは、非愛国的かつ屈従的であるばかりか、米国民に対するモラルの上での反逆である。大統領であるとないとにかかわらず、真実のみが語られるべきであるが、大統領に関し真実を語ることは、それが気持のよいものであってもなくても、他の誰に関するよりも重要であるとさえいえる」

ウィンストン・チャーチル

ルーズベルトがなぜ戦争賛成派であったのか。彼はウッドロー・ウィルソンの下で海軍次官補を務め、ウィルソンの国際連盟賛成論及び国際主義的政策に強く影響された。（中略）ルーズベルトは制裁、経済封鎖、といった世界治安維持のための政策を信じていたのである。英国のウィンストン・チャーチルも強大になりつつあったドイツから大英帝国を防衛するという見地から、同じく国際的介入主義者となっていたが、そのウィンストン・チャーチルとの間で、ルーズベルトは親交を結んだ。

［解説・コメント］

大統領であろうとなかろうと、真実を隠蔽することは国民に対する反逆行為であるから許すことが出来ないという。フィッシュならではの正義感あふれる心情が述べられている。

●セオドア・ルーズベルト

なおフィッシュが引用した言を発したセオドア・ルーズベルトは第二十六代の大統領（一八五八―一九一九）で、フランクリン・D・ルーズベルトとは十二親等という遠縁の親戚である。彼は、日露戦争の日ソ間の和平交渉を仲介したことによって一九〇六年度のノーベル平和賞を受賞している。

セオドア・ルーズベルトは和平交渉を仲介する中で、日本が南満洲鉄道の権益を引き継ぐことになったのを知り、これを米国のシナ大陸進出のきっかけにできないかと考えた。そして、米鉄道王エドワード・ハリマンを日本に派遣して、南満洲鉄道の共同経営案を申し入れてきた。

ハリマンは直ちに来日して、桂太郎首相その他の関係閣僚と精力的に交渉を行い、仮契約の覚書作成にまでこぎつけて、意気揚々と帰国の途についた。しかしそこへ小村寿太郎外相が日露講和会議から戻ってきた。そして「名目は日米合弁でも、資金は米国、技師も米国人では、実質的に米国に権限を与えてしまうようなものではないか」と猛反発をして、これをひっくり返してしまった。

セオドア・ルーズベルト大統領は怒って、後日、「私は、従来は日本贔屓であったが、ポーツマス会議以来は日本贔屓ではなくなった」と述べたという。もし日本がこのハリマン提案を呑んで、南満洲鉄道（東清鉄道支線）を日米共同で経営していたら、後の大東亜戦争は起こらなかったかもしれないと見る歴史家もいる。歴史の大きな「若し」だ。

しかし筆者は、現状とは大きな変化は無かったろうと考えている。原本やフーバー（元）大統領の著書『裏切られた自由（Freedom Betrayed）』、その他の多くの研究書によって明らかにされている諸般の事情から判断すると、たとえハリマン提案を呑んで一時的に日米関係が良好になったとしても、その後の米国のシナ大陸への進出意欲、日本人への人種偏見と警戒心、及び米の侵略的体質からいって、必ずどこかで関係は破綻していたであろうと考えざるを得ない。米国が世界戦略に着手し実行するためには、日本を犠牲にしても一向にかまわないという流れは止まらなかったろう。

フランクリン・ルーズベルト大統領は極端な人種偏見主義者であった。戦争を起こす為に日本人を犠牲にすることなどは何の痛痒も感じなかったに違いない。彼は、スミソニアン博物館のある研究者が言ったという『日本人の頭蓋骨はわれわれよりも約二千年も発達が遅れている』という見解に頻繁に言及して、これを紹介していた。

■世界大戦への重要な誘因（二十六ページ）

［原文要約］

●英への働きかけ

一九三八年から三九年にかけて（筆者注：前年の一九三七年は、盧溝橋事件、シナ事変、及び南京城攻略の年だった）、ルーズベルト大統領は、英国の首相ネヴィル・チェンバレンに対して、（若し）英国がドイツに対し、（筆者注：宥和政策をただちに止めて）より強硬な態度をとらなければ、米国は英国に対する支援を撤回する、という趣旨の脅迫を行なった。

実際、この脅迫の結果、チェンバレンはポーランドに対してドイツと戦争になった場合は英国はポーランドを支持するとの確証を与える、という無意味な政策をとることを強要されたのである。これは致命的な間違いであった。英国はポーランドを防衛する力はほとんどなく、英国自身もこれを知っていたのである。

しかしながら、このチェンバレンが与えた保証は、ジョセフ・ベック、ポーランド外相と同国の将軍連を実際に勇気づけ、結果として彼らは、英・仏の援助の約束に頼りつつ、ダンチヒ（グダニスク）問題の平和的解決を拒否した。これは世界大戦の重要な誘因の一つとなった。ポーランド人はヒットラーとナチスを嫌ってはいたが、それ以上にスターリンと共産主義者を憎んでいた。ダンチヒの住民の九十％はドイツ人であり、同住民の投票は、圧倒的にドイツへの復帰を支持していた。

英国では一九四〇年に首相がチェンバレンからウィンストン・チャーチルに交替した。

チャーチル、ド・ゴール[7]（仏首相）は、ともに対独戦になれば英・仏は米国の全面的支援をえられるものと信じていたのは明らかである。

●仏への働きかけ

戦争勃発直前に、私は（上下議員二十八名の）米議会列国議会同盟の議長に選出された。われわれは（パリで）ポネ仏外相及び空軍大臣と面会した。（中略。空軍大臣は、）フランス空軍が戦争に対し完全に用意ができていることを確信していた。私は彼に対し、（中略）「戦争は全参戦国にとって破滅的なもの」となるだろうと説いて翻意をするように説得に努めた。

しかし、その主張は無駄であった。フランスは、自国の空軍は不敗であると考えていたのである。

戦争が始まってみると、優勢を誇るドイツ空軍はフランス空軍機を破滅させ、ドイツ戦車隊とドイツ軍の完全勝利への道を開いたのである。チャールズ・リンドバーグ[8]はドイツ軍の強大さを知っていて、警告を発していたのであるが、彼等はそれを信用しなかったのである。

私（フィッシュ）は、一九三九年六月二二日の夜（中略）NBCラジオ放送を行い、その中で次のように発言した。

「フランスはルーズベルト大統領の秘密外交による約束を信じて、敗北しその血を流している。フランスは、大統領が言外にほのめかしただけで、実際は嘘だった支援約束のおかげで敵に対して無防備の状態であった」

7）ド・ゴール：シャルル・アンドレ・ジョゼフ・ピエール・マリ・ド・ゴール（Charles Andre Joseph Pierre-Marie de Gaulle、一八九〇—一九七〇）はフランス第十八代大統領。第二次世界大戦でドイツに敗れた後、ロンドンに「亡命政府・自由フランス」を樹立して、戦い抜いた。戦後、ただちに首相に就任して一九五九年には大統領に復帰就任して第五共和政を開始した。

8）チャールズ・リンドバーグ：アメリカ合衆国の飛行家。一九二七年に「スピリット・オブ・セントルイス」と名づけた単葉単発単座のプロペラ機でニューヨーク〜パリ間を飛び、大西洋単独無着陸飛行に初めて成功。一九三一年には北太平洋横断飛行にも成功した。なお、一九三二年に一歳八カ月の長男が自宅から誘拐されて、十週間に及ぶ探索と誘拐犯人との身代金交渉を行ったが、後に死んでいるのが見つかった。

[解説・コメント]

●ルーズベルトが英・仏に与えた言質

ルーズベルトとその一派は、何故これ程までに、必然性のない日本に対する挑発工作を執拗に行ったのだろうかとの疑問に対する答えの一端がここに語られている。当時の米国が既に欧州諸国に対してのっぴきならない程に深くコミットしており、ルーズベルトとその一派は、欧州諸国から直ちに行動を起こすように矢の催促を受けて焦っていたのだ。

当時の米国ではルーズベルトの民主党が国際平和主義、フィッシュの共和党が不干渉主義（一国平和主義）をとって対立していた。国際平和主義と一国平和主義のどちらを執るべきかは、時と場合によるものであるから一概には言えない。後世における米国の歴史家のルーズベルト擁護論の多くは、ルーズベルトの積極的な国際平和主義を擁護する主な論拠としており、消極的な不干渉主義を孤立主義に通じるものとして批判したものが多い。しかし、どちらの主義を採るにしてもその手段は公明正大、かつ合法的でなければならない。

なお、共和党の不干渉主義については、フィッシュは第四章「米国民の意思と戦争への道」の「孤立主義と不干渉主義」の項において縷々《るる》説明をしているので、これについての論評はそちらでまとめてすることにする。従って、ここでは深く立ち入らない。

ルーズベルトとその一派が執った手段は卑劣で欺瞞に満ちたもので、公明正大でも合法的でもなかった。何よりも日本を理不尽にも巻き込んで多大の財産と人命を失わせた、正義にもとるものであった。

米国は、勝つことが判っている戦争に日本を引きずりこみ、勝負がついてからも二発もの原子爆弾を投じて多くの命を奪い、戦後は、自らの悪逆さを糊塗するために日本人を洗脳して自虐史観を植え付け、法的根拠のない東京裁判を強行した。東京裁判で日本が糾弾された「平和に対する罪」については、ルーズベルトとその一派こそが被告席に座るべきであった。

米国の行為は永久に正当化することは出来ないだろう。ただし、何度でもいうが「過去は過去」である。これからの日本はその米国とも手を組んで共産主義に立ち向かわないと生きて行けない。歴史認識の点においても、米国は自浄能力を持っていると考えるので、日本は（特に政治家は）深く立ち入らない方が良い。ただし、時間はかかるだろう。

●ドイツの反攻（第二次世界大戦へ）

ここで、第一次世界大戦後の情勢と第二次世界大戦に至る経過をざっと駆け足で俯瞰しておこう。

第一次世界大戦における死傷者数は軍民合わせて約三千七百万人に上った（第二次大戦ではこの倍になった）ので、甚大な被害への反省と恐怖から、ヨーロッパでは「あらゆる戦争に対して無条件に反対する」という絶対的平和主義の風潮が支配的となり、国際的にも数々の取り決めが行われた。

すなわち、一九二〇年には世界平和実現のためとしてウッドロー・ウィルソン米大統領の提唱によって「国際連盟」が作られた（ただし米国は議会の批准が得られなかったので参加しなかった。一九四六年に解散して資産は国際連合により承継された）。

一九二四年には〝侵略戦争は国際犯罪である〟と明記したジュネーブ議定書が採択された。そして、一九二八年には「パリ不戦条約」（別名ケロッグ・ブリアン条約。自衛戦争以外の戦争を禁止する条約。但し自衛戦争の定義についての取り決めはなかったザル法に過ぎなかった）が締結されたのである。

こうした大きな流れの中で、第一次世界大戦後のドイツに対する懲罰のためにベルサイユ条約が一九一九年にパリで結ばれた。その結果、一千三百二十億マルクという天文学的金額の賠償がドイツに課せられた。そして全植民地と領土の十三パーセント（ポーランドのダンチヒが含まれていた）が剥奪された。もちろん戦車・空軍力・潜水艦などの戦力は廃絶となり、陸軍兵力は廃止にはならなかったが十万人以下に制限され、参謀本部は解体された。そして対仏国境のラインラント地域に非武装地帯が設置された。

この措置はドイツにとって納得できない極めて苛酷なものであった。それにドイツ側には、負けたといわれるけれども、実際の戦闘に負けたわけではないという意識が強くあった。ドイツは大戦末期にキール軍港の水兵の反乱を発端として起こった十一月革命によってカイザー王制が崩壊してしまい、体制的に戦争を継続することが不可能になったのだ。必ずしも戦闘に負けたわけではなかったのだから、こんな苛酷な処置を課せられるいわれはないという気持ちが、全ドイツ国民の気持ちに強くあったものと思われる。

従ってベルサイユ条約の内容には強い不満を持っていた。ドイツ国民はベルサイユ条約を締結した諸国に対しても、恨み骨髄に徹していたので、ベルサイユ体制を打破しようとするヒットラーのナチス党を熱烈に支持するに至った。

ヒットラーは一九三三年の選挙で首相に選ばれるや、あらゆる法律制度に優先する「全権委任法[9]」を成立せしめた。その翌年にパウル・フォン・ヒンデンブルグ大統領が死去したのを機に大統領制を廃止して、ヒットラー自らが総統（Fuhrer）に就任した。ここに文字通りドイツの独裁的指導者となったのである。

一九三五年にはヒットラーはベルサイユ条約を破棄して、徴兵制を復活せしめ、ドイツ再軍備宣言を行った。当時、各国は平和主義を求める国内世論が支配的であったので、このドイツの行動を黙認せざるを得なかった。一九三六年にはドイツは対仏国境の非武装地帯だったラインラント地域に進駐し、ここにベルサイユ条約は完全な死文となったのである。

●ポーランド分割問題

ナポレオン・ボナパルトは、当時ポーランド・リトアニア共和国と呼ばれていた地域をワルシャワ公国として独立せしめた。しかしナポレオンの覇権は長くは続かず結局は敗北し、その後の欧州の秩序を決めるウィーン会議が行われた。その結果ポーランドは

9）全権委任法：一九三三年三月、ヒットラーの内閣に絶対的権限を付与することを定めた法律。これによってヴァイマール憲法の議会制民主主義は抹殺された。この全権委任法は、正式には「民族および帝国の困難を除去するための法律」と称し、「帝国暫定憲法」または単に「授権法」とも呼ばれた。この法律は内閣に対して無制限の立法権を賦与し、かつ大統領（総統）の権限の縮少を禁止するものであった。形式的には議会の立法権が廃止されたわけではないが、事実上は有名無実なものとなった。

一七九五年に、プロイセン、オーストリア、及びロシアの三国に分割されてしまい、一旦は滅亡してしまった。

ポーランドが再び独立を回復したのは第一次世界大戦後の一九一九年である。しかし、せっかく回復した独立も、一九三九年にドイツ軍とその同盟軍であるスロバキア軍が侵攻し、更に続いて同年の九月にソビエト連邦軍が侵攻したので、再度、ポーランドの主権は侵されてしまったのである。

本文にあるように英国がポーランド・イギリス相互援助条約に基づいて、更にフランスがポーランド・フランス相互援助条約に基づいてドイツに宣戦布告して、ここに第二次世界大戦が始まったのである。ただし、ポーランドの軍隊が唯々諾々と敗戦に甘んじたわけではない。彼らは勇敢に戦って、後にヒットラーが賞賛したほどである。

大戦のきっかけとなったポーランドのダンチヒ地区は、第一次大戦におけるドイツの敗戦によって奪い取られたドイツの旧領土であった。本文にある通り、ヒットラーはダンチヒのドイツ系住民の解放をポーランド侵攻の大義名分としたのである。ヒットラーとしては、ポーランドはドイツの要求に譲歩するものと考えていたが、ポーランドは米国の即時参戦をあてにした英・仏両国の軍事支援を頼りにして、これを拒否してしまったのである。結局、英・仏両国の軍事支援はホンの形ばかりのものだったから、空手形も同然であった。

●中国の蠢動《しゅんどう》

この頃のアジア大陸においては、一九三〇年代後半以降、毛沢東の共産軍に対抗して（一九三七年以降は日本にも敵対して）蔣介石が外国の新型兵器を購入したり、米・独から外国人軍事顧問を雇い入れたりして、盛んに軍備の近代化を図りつつあった。蔣介石夫人、宋美齢は幼少の頃から米国に留学をして完璧な上流英語を話し、ルーズベルト夫人とも親しかったといわれている。ラジオにも度々出演して中国の危機を訴えて、米国の支援を要請していた。

宋美齢は、次項において述べるように米国陸軍航空隊の参謀クレア・リー・シェンノートを説いて、中華民国空軍の訓練教官・顧問として高給で雇い入れることに成功した。シェンノートはルーズベルトの許可を得てフライング・タイガース航空隊を編成して一九三七年に蔣介石の軍に着任した。なお、シェンノートが着任した一九三七年というのは南京攻略及び盧溝橋事件の年であって、日本の真珠湾攻撃の昭和一六（一九四一）年一二月八日よりも四年ほど前のことである。

●米国の対日開戦は一九三七年

原本ではフィッシュは言及していないが、日米関係においては、ルーズベルトは真珠湾事件に先立って、重大な犯罪的行為を侵している。勿論、国際法にも米国内法にも違反している。それは、幾つかの点において実質的に日本に対して戦争行為を仕掛けていたのである。その最も顕著な例は米空軍を蔣介石軍に派遣していた事である。

この航空部隊はフライング・タイガース航空隊と呼ばれた。民間義勇軍の体裁をとっていたが、実質的には中国を支援する米空軍の一部である。ルーズベルト大統領の命により米軍当局が身分と給与を保証した。民間が義勇軍を組織して戦闘航空隊（地上要員を含む）を外国に派遣するなどということは常識ではあり得ないので荒唐無稽に聞こえるが、ルーズベルトは大真面目にこれを行ったのである。

ビルマでの訓練に時間がかかったので、同航空隊が日本との実際の戦闘に参加したのは一九四一年の真珠湾攻撃の後になってしまった。しかし、航空隊のメンバー個人が何時、銃を撃ったかは、国際法上、国家が何時から戦争状態に入ったかとは関係がない。国際法は国家の行為のみが対象となるので、同部隊が戦闘中のシナの軍隊に参加した一九三七年に米国は日本と開戦したことになる。

なお、一九九一年に同部隊の約百人の生存者が、日陰者の扱いを止めて名誉回復を行うように国防総省に請願し、その結果、彼等は正規の退役軍人として正式に認められた。フライング・タイガース航空隊が米国の正規の軍隊組織であったことが認められた[10]わけだから、日米戦争は、実質的に一九三七年に〝米国が〟始めたものであることが米国防総省によって正式に認められたことになる。

米国が国際法上はっきりと「戦争行為」と認定される行為を行ったのは、昭和一六（一九四一）年七月にルーズベルト大統領が行った日本の在米資産凍結である。これは真珠湾攻撃の直前に行われた。

10）一九九一年七月六日付のロサンゼルス・タイムズ紙の記事。

●米国の不介入方針とルーズベルトの造反

ドイツがポーランドに侵攻して第二次世界大戦が勃発すると、米議会は直ちに不介入方針を決議して中立を宣言した。当時の米国民（民主党も共和党も含めて）の八十五％という絶対多数が之を支持した。当時までの欧州大陸は戦火が絶えなかったので米国は両大陸間の相互不干渉を実行してきたという歴史が背景にある。この孤立主義はジェームズ・モンロー第五代大統領が一八二三年に議会で行った年次教書演説で提唱したので、モンロー主義と呼ばれている。

しかしルーズベルトは、その代わりに一九三九年に議会に対して中立法の改正を求めた。それ迄の一九三五年の中立法は交戦中の国への武器輸出を禁止していたものである。この改正で、「侵略に対抗する民主主義国を援助するためである場合には、交戦国への武器輸出禁止を撤廃する」ことを求めたのである。かくしてルーズベルトは欧州においては英・仏を援助し、太平洋地域においてはシナを援助して対日制裁を強化する姿勢を顕わにした。次項に述べる日本に対する「援蔣ルート」による蔣介石支援はその姿勢の一端である。一九四一年に至り、ルーズベルトは武器貸与法（Lend-Lease Acts）を成立させたので、ここに中立法は完全に廃棄されるに至った。

武器貸与法は、米国が一九四一年から一九四五年にかけて、第一次世界大戦の連合国各国に対して行った膨大な量の軍需物資を供給するプログラムである。この法律は、米国大統領に極めて大きな権限を付与するもので、実質的な軍事介入権限を委任するに等しいものだ。内容は、「その国の防衛が米国にとって重要であると大統領が認めるような国に対して、あらゆる軍需物資を、売却し、譲渡し、交換し、貸与し、賃貸し、あるいは処分すること」を認めるものである。

ルーズベルト大統領は国民に対して、「隣の家が火事になったような時に私達は何をすべきだろうか？　私達は隣人に対して『お隣さん、このホースは十五ドルもしたので、十五ドルを払ってください』とは言わないだろう。私達は十五ドル払ってもらうのではなくて、火事が消えたらホースを返してくれと言えばよいと思う」と述べた。

武器貸与法による武器貸与は、第二次世界大戦勃発から十八カ月後の一九四一年三月から開始され、総額五百一億USドルという巨額の軍需物資が供給された。うち三百十四億ドルが英へ、百十三億ドルがソビエト連邦へ、三十二億ドルが仏へ、十六億ドルが中国（日本と交戦中の蒋介石国民党政府）へ提供された。現在の価値に直すとおよそ二十倍にはなるだろうから、恐ろしく高価なホースだったのだ。

ここに至ってアメリカは完全に孤立主義を転換させることとなった。ただし、国民と議会は完全には納得してはいない。戦後の一九四五年には、米英金融協定が成立して、アメリカは武器貸与法によってイギリスに供与した金額のうちの約二百億ドルの返済を免除した。

孤立主義（フィッシュは不干渉主義というべきと力説している）は、建国以来の米国の外交を特色づけてきた外交政策であったが、真珠湾事件をきっかけとした米国の第二次世界大戦への参戦をもって事実上終わったということができる。それ以降の節目となった特徴的な事柄は、一九四八年のヴァンデンバーグ決議と一九四九年の北大西洋条約（NATO）の結成であるといえる。

ＮＡＴＯは既に周知となっている国際組織なので、ここではヴァンデンバーグ決議についてのみ述べておく。日本の安全保障問題を考える上で極めて重要な決議なのに、日米両政府とも意図的に触れないようにしている。

ヴァンデンバーグ決議は、アーサー・ヴァンデンバーグ上院外交委員長が提案したのでこの名前になった。一九四八年に米上院で行われた決議で、もちろん現在でも有効で、法律と同等の効力を持っている。米国が地域的集団的防衛協定を締結する場合には〝自助の精神〟と〝相互援助〟の原則に基づくものでなくてはならないと定めている。つまり相手国が〝自助の精神〟と〝相互援助〟の精神を欠くような場合には、たとえ両政府間で相互防衛協定を締結してあっても、協定は無効、もしくは発動されないということだ。

日本はこの決議と条約に基づいて、一九五四年に自衛隊を発足させるなど自衛力の増強に努めてきた。しかし日本の法律制度上、安保条約が十分に双務的な形になっていないのは明らかであるので、有事の場合でも米国議会の反応次第では「遺憾である」旨の声明を発する程度で済まされてしまい、日米安保条約は発動されない危険性が大である。

平成二七年度に成立した安全保障関連法は、この片務性を少しでも双務性に近づけようとする努力の表れではあるが、まだ十分ではない。トランプ（新）大統領が盛んに主張している〝自助の精神〟と〝相互援助〟は、彼が新たに言いだしたことではなく、既に法制化されていることを日本国民は知るべきだ。

せっかく締結されていた相互防衛協定が無効とされた前例がある。一九八四年にニュージーランド政府が米国の核積載艦船の入港を拒否したことがある。怒った米国は、ヴァンデンバーグ決議を発動させてそれまで締結していた米・豪・NZの三国間のANZUS条約[11]をキャンセルし、それまで引き受けていた共同防衛義務を破棄してしまった。このため現在では事実上、米豪二国間のみの相互防衛協定となっている。

現在の日本の安全保障関連法案への反対運動、集団的自衛権行使へのアレルギー態勢、オスプレイ反対運動、沖縄基地反対運動などは、明らかにこのヴァンデンバーグ決議に抵触する。これらの反対運動に従事する者は、とりもなおさず尖閣有事の場合でも日米安保条約の発動に反対していることになるという事実を自覚して欲しい。

●援蔣ルート

これも原本ではフィッシュは言及していないが、真珠湾事件勃発以前にルーズベルトが日本に対して仕掛けていた実質的な戦争行為である。

日本軍の仏印（仏領インドシナ。現在のベトナム）への進駐が日米開戦に至る回帰不能点であったと一部には評されている。当時、仏印はフランスの植民地であった。米・英・ソは蔣介石を支援するために大量の意軍需品や石油などの支援物資を送り込んだ。地域的には「仏印ルート」、「香港ルート」、「ビルマ・ルート」、及び「ソ連ルート」があった。各国が蔣介

11）ＡＮＺＵＳ条約：一九五一年にオーストラリア（A）、ニュージーランド（NZ）、及び米国（US）の三国間に調印された太平洋安全保障条約のこと。ANZUS は三国の頭文字を取ったもの。

石を支援して日本の追い出しを図ったのは、決して中国の民族独立のためでも正義のためでもない。各国がせっかく打ち立てた白人による植民地支配の体制に、黄色人種で新参者の日本が参入してくることが許せなかったからに他ならない。こうした第三国による交戦中の一方に対する軍事援助は、勿論、国際法違反である。日本は度重なる抗議を行ったが止まることはなかった。

中でも仏印ルートは最大のものであったので、日本はフランス政府に対してルートの閉鎖を強硬に申し入れた。当時のフランスはドイツとの戦闘に敗北を重ねて疲弊しきっていた。松岡外務大臣が仏アンリー大使と強硬に交渉を行ったが、そうした事情もあったのでフランスが譲歩して八月には「松岡・アンリー協定」が成立した。ここに満洲では期待できない石油供給を南方に求める可能性が生じたのである。

日本の仏印進駐は平和的に行われる筈だったが、一部の仏軍が頑強に抵抗したので富永恭次少将が指揮する第五師団が南寧作戦で仏侵略軍のドンダン要塞などを攻撃して降伏させてしまった。それで武力進駐になってしまった。九月二六日には日本のインドシナ派遣軍が上陸して、当時の侵略者であったフランスを追放してしまったのである。

侵略者である仏軍を撃退したのだからベトナムを解放したわけだが、侵略者同盟（?）ともいえる列強の立場から見れば、これは日本軍の仏印への侵略で既存秩序の破壊であった。

有色人種の国家が白人国家の侵略者同盟に歯向かったものであるから、列強諸国は一挙に態度を硬化させ、結局ＡＢＣＤライン[12]による石油の禁輸を含む対日経済封鎖を行うこととなったのである。当時は、現在のような国連による各国の独自制裁の制度は無かったから、これも戦時国際法における中立国の義務に違反している。

更に、米国内法すなわち一九三五年の米国「中立法」への違反でもあった。中立法とは、外国間の戦争状態が存在すると認めたとき、あるいは内乱が重大化したときには、米国は何人も交戦国や内乱国に、武器または軍需物資の輸出をしてはならないことを規定した法律だ。

昭和一六（一九四一）年六月には日本の陸海軍首脳は資源獲得のために南部仏印へも進駐する方針を決定した。七月一四日には加藤外松駐仏大使が仏ヴィシー政権の副首相、フランソワ・ダルランと会談して南部仏印への進駐許可を求めた。仏ヴィシー政府はドイツとの戦争にかかりきりになっており、日本軍と戦っても勝利する見込みはないと考えた。そして、植民地経営を継続するためには妥協をすることが得策であると判断して、同月一九日に日本側の要求を受け入れることを決定した。

日本は米国に対して、この南部仏印進駐は「平和進駐」であること、日米交渉は継続したいことを申しいれた。しかし、米国が日本を戦争に引き込む戦略は、この時に始まったものではない。

12）ＡＢＣＤライン：アメリカ合衆国（America）、イギリス（Britain）、中華民国（China）、オランダ（Dutch）による対日経済封鎖。戦時国際法（交戦法規、背信行為の禁止、非戦闘員や降伏者の保護、戦争犯罪の処罰、中立国の義務などを内容とする。具体的にはジュネーブ諸条約などがある。）においては国際紛争がある場合には、紛争外の中立国が交戦国の一方に経済的圧力を及ぼすことは中立義務違反となる。近年では「国際人道法」として再構成されている。

●英・仏から参戦を求めて矢の催促が

英国とフランスからは米国参戦を促す矢の催促がルーズベルトあてに送られてきていた（この辺の経緯は原本の後半において詳しく語られる）。日本を挑発するための日米交渉はルーズベルトとその一派が主導して、その間も続いていた。しかし、日本側は絶対に日米開戦は避けるという方針であったので、なかなか日本を決起せしめることが出来ず、いたずらに月日ばかりが経過してしまった。

その間にもヒットラーは自分の出身地であるオーストリアを併合（一九三八年三月）した。ゲルマン国家の統合をドイツ人は歓迎した。さらにチェコスロバキアのズデーテン地方（有数工業地帯であり多くの軍需工場が並んでおりドイツ人が多かった）の併合を要求した。ドイツの主張の根拠になったのはベルサイユ条約の十四か条の平和原則にある「民族自決」の論理である。ここにヨーロッパ全土で戦争の危機が強まった。第二次世界大戦勃発（一九三九年）前夜のことである。

チェンバレン（英）首相は戦争を回避するために、この併合要求に賛成してしまった。当時の英国民はこれを批判するどころか宥和政策を支持して、むしろ英国が戦争に巻き込まれなかったことを喜んだのである。ところが、諸国の期待に反してヒットラーはズデーテン地方だけでなく残りのチェコスロバキア全土もドイツの支配下においてしまった。

一方、ポーランドは、英・仏の援助の約束に頼って、又その英・仏は米国の支持を頼って、ダンチヒ（グダニスク）問題の平和的解決を拒否した。一九三九年九月一日、遂にドイツ軍がポーランドへの侵攻を開始したので、その二日後の九月三日に英国とフランスは、これ以上のヒットラーの侵略を阻止するためドイツに宣戦を布告し、いよいよ第二次世界大戦が始まったのである。ドイツはソ連と独ソ不可侵条約を結んでポーランドで挟み撃ちになるのを防いでおいて、まず英仏に牙を向けた。

勿論、英・仏両国とも、米国が前言を守って即時参戦することを期待して、連日、矢の催促をしてきた。そこで、米国はついに一九四一年一一月二六日に至って、それまでの日米両国間交渉の経緯を全て否定する一段と厳しい内容の最終通告を日本に向けて発出した。ハル・ノートである。日本が直ちに対米開戦に踏み切ることを期待したのである。ところが、案に相違して日本はノラリクラリ（とルーズベルトには見えた）と戦争回避の努力を続けて、反応してこなかった。

第二次世界大戦勃発当時の西部戦線におけるドイツ軍兵力は二十九個師団しかなく、英仏は百十個師団を有して数においては英仏側が優勢であった。しかし英仏は専守防衛方針で防御のみに努めて積極的には応戦しなかった。無援のポーランド軍は、高い機動力を誇るドイツ軍の前にいとも簡単に粉砕されてしまった（現在の日本のような歯どめだらけの専守防衛政策は実際の戦闘には無力であることの証左である）。ここにポーランドはドイツとソ連によって東西に分割されて、侵略・占領されたのである。

なお、チェンバレンの宥和政策（Appeasement Policy）については、チャーチルがその著書『第二次世界大戦回顧録』の中で、「宥和策ではなく早い段階でヒットラーを叩き潰していれば、その後のホロコーストもなかっただろう」と厳しく批判している。それ以来、日本でも宥和政策に対しては批判的な意見が主流を占めている（筆者は、後述するように宥和策が第二次世界大戦の〝切っ掛け〟にはなったことは間違いないが、〝原因〟であったとは考えていない）。

しかし、当時の英国経済は世界恐慌の傷がまだ癒えぬままの状態で破綻寸前であった。従って、軍備を増強してドイツに対しても戦いも辞さないという強い態度は、取りたくても取れない状態であった。しかし、のらりくらりの宥和政策で稼いだ時間のおかげで、英国は軍備増強を急ぐことが出来たという側面もある。若しこの時間稼ぎなしに開戦していたら、英国は「スピットファイア[13]なしでバトル・オブ・ブリテンを戦う」破目に陥っていたであろうという見解もあることは付言しておきたい。

■対ヒットラー強硬路線の要請（二十八ページ）

［原文要約］

●米国がフランスに使った二枚舌

歴史が現在示すように、フランスに対し、米国の軍事的援助の約束を秘密裡に与え、フ

13）スピットファイア：スーパーマリン スピットファイア（Supermarine Spitfire）。英国が開発した単発レシプロ単座戦闘機で、当時は名機とうたわれた。第二次世界大戦において英国空軍のみならず連合軍各国で使用された。バトル・オブ・ブリテンの際、英国をドイツ空軍の手から救った救国の戦闘機として有名。

ランスが適切な準備を整える前に同国を戦争開始へ導き、駆り立て、かつ追い込んだ責任のほとんどは、ブリット在仏米国大使を通じてルーズベルトが負っている。

このことに関して私（フィッシュ）はいつの日か幻想からさめたフランス政治家の誰かが、米国の介入を示唆した外交的二枚舌につき真実を語る時がくるであろうことを予言した。このことに関して私は仏外相を務めたジョルジュ・ポネに書簡を送ったが、ポネの返事は次の通りであった。

「ブリット（駐仏米大使）は、ダラディエ仏首相と自分に対し、一九三八年のチェコ問題（ズデーテン地方の割譲）には慎重に対処するよう助言していたが、一九三九年には、フランスに対し、対ヒットラー強硬路線をとるよう要求した。また私（ポネ）は、ブリットが、ルーズベルトはフランスとイギリスが危険となったとみれば、戦争に介入するという確約をダラディエに与えたことを確実視している。

付言すれば、ヒットラーは威嚇しているだけで、その陸・空軍は、ヒットラーの言うだけの力を持っていないという、当時ほとんどの者が持っていた幻想を、ブリットも相当程度有しており、彼はヒットラーを譲歩させるには毅然とした態度をとることで充分であると考えていた。（中略）一つ確かなのは、ブリットは一九三九年において、フランスを参戦させるためにできるかぎりのことを行なったということである」

イギリスおよびフランス高官の頭の中には、アメリカはすぐさま両国とともにナチス・ファシストの侵略に対抗して立ち上がるであろうとの、ただ一つの解釈しか存在しなかったのである。

そのような情況は、明らかにルーズベルト大統領がブリット（駐仏米大使）を通じて使った外交的二枚舌の結果に他ならなかった。

［解説・コメント］

●大戦前夜の米・仏関係

第二次世界大戦が勃発する直前まで、いかにフランスは米国を信じて色々と相談を掛けていたかがよくわかる項である。注目すべきはこれらの米国の行動は、全て議会にも国民にも知らせずに、ルーズベルトとその一派が極秘裏に（いわば勝手に）行っていたことである。

前述の通り筆者は、米国は大国の責務として積極的国際平和主義を採るべきであると考えており、フィッシュの不干渉主義による一国平和主義は取るべきではないと考えている。しかし、為政者が民主主義の大原則に反してまで、勝手にこれを実行してもよいとまでは考えていない。

主権者はあくまでも国民であるので、国民と議会を説得してから行動をおこすべきであった。米国が日本に対して行った数々の犯罪的行為の根本原因は、フィッシュが原本で述べた〝Tragic Deception〟（悲劇的欺瞞）にあると考えられる。

第一章　いかにして米国は戦争にまきこまれたか

■秘密裡の最後通牒（三十三ページ）

［原文要約］

一九四一年一一月二六日、ルーズベルト大統領は、日本に対し最後通牒（ハル・ノート）を送り、その中で日本軍のインドシナおよび中国からの全面撤退を要求した。この最後通牒により、日本を開戦に追い込んだ責任がルーズベルトにあるというのは、歴史的事実である。

このハル・ノートは議会にも私（フィッシュ）にも何も知らされずに極秘裏に作成され発出された。内容から言って実質的に宣戦布告に等しいものであったが、外国に対して宣戦布告をするのは議会の承認を得なければならない事項である。いくら大統領であっても議会にも知らせずにこれを発出したのは重大な裏切り行為であった（筆者注：この点については必ずしもそうとは言えない。「解説・コメント」の〝宣戦布告の大統領権限〟の項を参照）。

英国政府は、ヒットラーによるロシア侵攻以前の段階では、対日懐柔策に徹底していたが、一九四一年の侵攻後はまたたく間にその政策を変更した。これは、チャーチルがルーズベルトから、極東における英国の権益を擁護するとの約束をとりつけたことによる。かくして、チャーチル、スターリン、オーエン・ラティモア[14]（共産主義者の米国の中国学者）、スティムソン（米・陸軍長官）、およびロックリン・カリー[15]（共産主義者の大統領補佐官）は、いわば裏口から米国を第二次世界大戦に参戦させることを促す役割を果たした。

キンメル提督（日本軍による真珠湾奇襲の損害の責任を取らされた米太平洋艦隊司令長官）およびショート将軍（陸軍司令長官）は、職務怠慢または、誤った判断を行なったといったような如何なる責にも問われるべきではなかった。（中略）彼らは、上層部のために『スケープ・ゴートとなった殉教者』であり、この上層部こそが、パールハーバーの悲劇における三千名の米水兵及びその他の米軍人の死の責任を負っている。

日本は、米国との開戦を避けるためならほとんど何でもする用意があったであろう。コメ、ゴムおよび錫の必要供給を確保するために、日本は、ペタン（仏首相）のヴィシー政府[16]からベトナム支配権を譲り受けることの許可をとりつけた。当然のことながら、日本は、もしもオランダが対日石油供給を拒否したならば、自らの存立に不可欠な石油供給を確保するために、東インドに進出し

14）オーエン・ラティモア：米・中国学者。米太平洋問題調査会の中心的人物として合衆国の対中政策の形成に深く関与した共産主義者。後に蒋介石の私的顧問となった。戦後はマッカーシズム（赤狩り）の標的の一人となり迫害を受けた。

15）ロックリン・カリー：共産主義者の首席秘書官、（兼）外交問題担当補佐官。共産主義的であることを公に非難され後に逃亡した。

16）ペタンのヴィシー政府：一九四〇年六月にフランスはドイツに敗北した。抗戦派の首相にかわって和平派の副首相だったフィリップ・ペタン元帥が首相となり、ペタン政府は休戦を申し入れた。同月二二日に「独仏休戦協定」が締結され、フランス北部などの地域の占領が定められた。一九四〇―四四年間の大戦中のフランスの政権は、フランス中部の町ヴィシーに首都を置いたのでヴィシー政権、ヴィシー政府と呼ばれた。

ていたであろう。日本は、フィリピンおよびその他のいかなる米国の領土に対しても、野心を有してはいなかった。しかしながら、ひとつの国家として、日本はその工業、商業航行および海軍のための石油なしには存立できなかった。

平和を愛する首相の近衛公爵はルーズベルトと会談したいと繰り返し要望していた。在日米国大使であったジョセフ・グルーは、日本がどれだけ米国と平和的関係を保ちたいと希望していたかを承知しており、かかる首脳会談の開催を強く要請した。しかしルーズベルトはそれを拒否した。彼等は策謀とごまかしとトリックを用いて全く不必要な戦争へわれわれをまきこんだのである。

［解説・コメント］

●宣戦布告の大統領権限

ここでフィッシュは「外国に対して宣戦布告をするのは議会の承認を得なければならない事項である。いくら大統領であっても議会にも知らせずにこれを発出したのは重大な裏切り行為であった」と述べているが、若干、補足説明を要する。

実は当時の米国の法律制度下では、〝軍事介入〟であれば米国の大統領は自らの専権事項として、〝実質的〟に他国に宣戦布告をする事ができたのである。では、短期的軍事介入に過ぎないのか、継続的戦闘を前提とする実質的な宣戦布告なのか、事前に判断することができるのかという問題になる。この点については、第二章の「大統領が日米戦を考えたとき」の「解説・コメント」の「戦争制限法」の個所で述べることにするので参照願いたい。

日米開戦やベトナム戦争開戦への反省から、米国では一九七三年に、宣戦布告に関する大統領権限を制限する「戦争権限法(War Power Resolution of 1973)」(戦争制限法ともいう)を制定している。

ここで指摘しておきたいのは、開戦前に宣戦布告（Declaration of war）を行うことは当時でも殆ど実行されていなかったことである。これは、〝名目的な国際慣習〟に過ぎず、ほとんど実行されていなかった。これについては本項の「宣戦布告」の個所で更めて述べる。

●ハル・ノートによる最後通牒

ハル・ノートについては、『Freedom Betrayed』の著者ハーバート・フーバー（元）大統領は実質的な日本に対する宣戦布告であったと述べている。フィッシュも「最後通牒」と断じた。その概要は、以下の十項目から成っている。

① イギリス・中国・日本・オランダ・ソ連・タイ・米国間の多辺的不可侵条約の提案。
② 仏印（フランス領インドシナ。現在のベトナム）の領土主権尊重、及び仏印との貿易及び通商における平等待遇の確保。
③ 日本のシナ（中国）及び仏印からの全面撤兵。

④日米両国は重慶政府（中国国民党政府）以外のいかなる政権をも軍事的、政治的、経済的に支持しない（日本が支援していた満洲の汪兆銘政権を否認することを意味する）。

⑤英国または諸国の中国大陸における海外租界と関連権益を含む一九〇一年「北京議定書」に関する治外法権の放棄について諸国の合意を得るための両国の努力。

⑥最恵国待遇を基礎とする通商条約再締結のための交渉の開始。

⑦米国による日本の資産凍結を解除、日本による米国資産の凍結の解除。

⑧円ドル為替レート安定に関する協定締結と通貨基金の設立。

⑨第三国との太平洋地域における平和維持に反する協定の廃棄（日本側はこれを日独伊三国軍事同盟の実質的な廃棄と了解した）。

⑩本協定内容の両国による推進。

特に第三項、第四項、及び第五項は日本にとって衝撃的だった。この要求は「重慶へ謝罪せよ」と要求するに等しかった。これはそれまで積み重ねてきた日米関係改善のための交渉による合意を一切反故にしたものだ。特に第一項などは、それまでの交渉で一度も言及されたことのない一方的な要求であった。もっともこの最後通牒は、日本に受諾させることを目的とするものではなく、断らせることが目的だったのだから、何とでも言える。

また、シナ・仏印からの即時完全撤兵、蒋介石政権の支持という条件は、日露戦争の前の状態に戻すことを意味した。更に第九項の日独伊三国同盟を対象としたこの条項は、従来のアメリカの主張を超えたものであり、要するに三国同盟の廃棄を要求するに等しいものである。

ルーズベルトの真意は、この最後通牒を拒否させて日本に戦争をおこさせるのが目的であったのだから言いたい放題であった。したがって日本からどんな返事が来ても関係がなかったのである。

日本には、いまだに「当時の日本の陸軍が強硬論を主張して、無謀にも日米開戦に突入してしまった」などという、とんでもなく間違った見解を口にする者が絶えないが、当時のルーズベルトの策謀や国際情勢の真実についての勉強不足からくるものだ。こうした日米開戦に至る経緯は、実は米国の歴史研究家の間では徐々に明らかにされつつあり、そうした趣旨の研究書も数多い[17]。

それにもかかわらず、米国の歴史家の大部分によるこうした史実の評価は「これはルーズベルトなりの国益追求の姿勢であった」とか、「究極的にはナチとソ連を押さえるためにはやむを得ないものであった」というものが殆どである。そして、ルーズベルトに戦争責任を負わせようとする史観を修正主義と決めつけて、不適切であると評価している。フィッシュも修正主義者のレッテルを貼られたままでいる。勿論、「日本に謝罪すべきではないか」などという意見はない。

17）例えば日米開戦の真実についての米の歴史研究：『Freedom Betrayed（裏切られた自由）』ハーバート・フーバー（元）大統領、『ルーズベルトの責任』チャールズ・A・ビアード、『日米・開戦の悲劇』ハミルトン・フィッシュ（元）共和党首、『米国陸軍戦略研究所レポート』ジェッフリー・レコード、『日米開戦の研究・ウェデマイヤー回想録』ウェデマイヤー将軍、『米中開戦』トム クランシー、マーク グリーニー、その他、多数。

●英国の対日政策の変更

原本には、「英国政府は対日懐柔策を行っていたが、チャーチルがルーズベルトから、極東における英国の権益を擁護するとの約束をとりつけてからまたたく間に政策を変更した」という趣旨の記述がある。なんと、英国の対日政策の変更にもルーズベルトの策謀があったのだ。

当時、日本はロシアのアジア進出を牽制することを主たる目的とした第三次日英同盟を保持していた。日本は、ロシアの圧力に対抗する後ろ楯として日英同盟に期待していたし、英国もロシアの動向を警戒していたので、両国の利害が一致していたのである。この同盟は軍事同盟で、一方が二カ国以上の相手と戦争状態に入った時には他方も自動的に支援のために参戦することを定めていた（ただし米国の強い希望により、交戦相手国の対象から米国は除外されていた）。

日本は本同盟に基づいて連合国の一員として第一次世界大戦に参戦したのである。

しかし大戦後、米国は日本の中国大陸への進出を警戒して、英国に対して日英同盟の破棄を要求するようになった。米国は、欧州およびアジアにおける戦略上、日本が英国と密接な間にあるのでは種々の不都合が生じるので、アジアにおける英国の権益を保障することを餌にして日英離反を画策したのである。

英国としても次第に日本の中国進出を危惧するようになった。そこで、チャーチルはルーズベルトと協議の結果、日米対立に巻き込まれることを避けるために日英同盟をなし崩しに破棄することを決意した。そして、太平洋に関する「四カ国条約」の中で日英同盟の意義を薄めることにした。

この「四カ国条約」とは、ワシントンでアメリカ合衆国の主導により一九二一年に米英仏日の四カ国間で調印された条約である。第一次世界大戦後には、各国が太平洋方面の領土・権益の相互尊重、および、関連する国際問題の処理の仕方に協議をする場として定められた。この条約により日英同盟は満期になっても更新はなされなかった。かくして、日本と英国の同盟関係は、ルーズベルトの画策により約二十年で解消されたのである。

更に英国は一九四一年七月二六日に日英通商航海条約を破棄することを通告してきた。この日英通商航海条約（Anglo-Japanese Treaty of Commerce and Navigation）は、一八九四年に駐英公使青木周蔵と英外相キンバーリーによって調印されたものだ。日本が明治の初めから取り組んできた各国との不平等条約の条約改正交渉の結果、はじめて達成できた改正条約だ。一九四一年に英国及び英連邦諸国により破棄されたことで日本国民は憤激し、以来、日本国内では反英気分が盛り上がった。

●「真珠湾攻撃の卑怯な不意打ち」を演出

ルーズベルト大統領とハル国務長官は、ハル・ノートに対する回答を待つことなく、発出の翌日すなわち一一月二七日に「開戦が迫っているので戦闘準備をせよ」との命令を全ての前線指揮官に発した。ただし、在ハワイ太平洋艦隊司令長官ハズバンド・エドワード・キンメル海軍大将及びハワイ方面陸軍司令官ウオルター・ショート陸軍中将には、そうした命令も情報も伝達されなかった。

そんなことが現実にあり得るのか驚嘆すべき出来事だ。大統領として国家に対する重大な反逆罪というべきだろう。

日本の真珠湾攻撃を米国は〝Sneak Attack〟（狡猾で卑怯な攻撃）と喧伝して、米国民の敵愾心に火をつけた。しかし日本の攻撃の実態は、当時の国際法の規定に従った公明正大なもので、攻撃対象を軍艦や軍事施設だけに限った。従って、これだけの大規模な攻撃にもかかわらず非戦闘員や一般市民の犠牲者はたったの六十八人だった。日本軍は、石油タンクなどの産業施設の攻撃も戦況に重大な影響を持つことが勿論分かってはいたが、敢えて攻撃しなかった。国際法に則って、非戦闘員の殺戮も、非軍事施設の石油タンクへの攻撃も、行わなかったのだ。見方によっては極めて甘いものであり、以後の戦局の推移にマイナスの影響を与えたという批判もある。しかし筆者はそうした日本人の行為を批判する気にはなれない。

真珠湾攻撃航空隊の本来の目標だった米空母二隻と最新の巡洋艦十数隻は、ルーズベルトとその一派の事前の秘密の手配により、日曜日であったにもかかわらず（?）、例外的に（米海軍史上日曜日に演習したのはこの時が最初で最後?）外洋に演習に出ていて湾内には不在であった。湾内に残っていたのは三十年も前の旧式の軍艦だけだった。

この辺の事情は、ロバート・B・スティネットの著作『真珠湾の真実』（俗称〝ロバート報告書〟）及び東京裁判におけるインドのパール判事の論告に詳しい。スティネットは政府および軍の覚書や記録から数々の証拠文献を豊富に引用して、米国は日本の暗号電報を解読していて真珠湾攻撃の十日も前に米国は日本の作戦計画を知っていたことを明らかにしている。

それにもかかわらず、ルーズベルトは議会で厚顔にも「日本は宣戦布告をせずに真珠湾攻撃を行って戦争を仕掛けた」と非難し、国民に対して「リメンバー・パールハーバー」と呼びかけて戦意高揚をはかった。実際には前述の通り、米国のフライング・タイガース航空隊が蒋介石の軍隊に一九三七年に着任していたのである。米国の対日戦争行為への着手は真珠湾攻撃よりも四年も早いのである。

●宣戦布告

開戦前に宣戦布告（Declaration of war）を行うことは当時でも殆ど実行されておらず、事実問題としては名目的な国際慣習にすぎなかった。広義には外交交渉の打ち切り宣言も実質的に宣戦布告といえないこともない。

一九〇七年にハーグで署名された宣戦布告に関する条約「開戦に関する条約」で一応は手続きが定められたが、それでも殆ど実行されなかった。そこで、第一次世界大戦後に国際連盟が改めてこれを定めた。しかし、その後も宣戦布告が行われてから開戦した例は極めて少ない。

特に米国は宣戦布告を行ってから戦闘行為に入った例は殆どない。多くの場合、大統領の判断で奇襲攻撃による武力行使が行われた。従って、日本の真珠湾攻撃が在米日本大使館の信じられないような怠慢のおかげで結果的に宣戦布告なしに行われたことを、米国が非難する資格は全くない。

真珠湾攻撃を受けて米国は議会と国民にこれを報告して、日本に対して宣戦布告を行ったが、これが米国の正式な宣戦布告の最後である。これ以降に米国が二〇世紀中に米国自身が行った戦争、すなわち一九六四年のベトナム戦争、一九八三年のグレナダ侵攻、一九九〇年の湾岸戦争、及び二〇〇三年のイラク戦争のいずれにおいても事前に宣戦布告を行った例はない。

なお、日下公人氏によれば[18]、ボブ・ウッドワードは『司令官たち』という本で、『アメリカは建国以来、約二百回も外国と戦争をしているが、そのうち宣戦布告をして開戦したのは四回しかない』と書いているとのことだ。

■平和を望む日本の譲歩（三十六ページ）

［原文要約］

英国が、コメ、石油、ゴムその他の必要物資を購入するという日本の権利を奪ったままで、同時に香港、シンガポール、北ボルネオその他の極東における英国領を維持しうるなどという（筆者注：身勝手なことを行う）のは、完全に論外である。

日本は、コメおよび石油の購入なしには第一級の国家としては存立できないのであるから、

18）宣戦布告：月刊『Hanada』二〇一六年六月号　二十一ページ『国際社会は群雄割拠の時代へ』日下公人

もしそれを平和的に保障されたならば、どのような条約にでも署名し、南方に対するいかなる侵略も停止したであろう。

確かに日本は、宣戦布告のないまま四年間にわたり中国と戦争状態にあったが、（それと）同時にソビエト・ロシアが（筆者注：宣戦布告なしに）フィンランド、ポーランド、およびバルト諸国を侵略していたのも事実である。アメリカは、このソビエトの行動に対しては何ら対処しないばかりか、その後、同国と同盟を結ぶに至った（筆者注：これではダブル・スタンダードではないか）。しかしながら、その一方で日本は、自国軍の中国（満州を除く）およびベトナムからの撤退を約束し、南下をしないことに合意する用意があった。

日本のような強力な国家に対し、米国はこれ以上何を要求できると言うのか。天皇および近衛首相は、平和を維持するために、信じられないほどの譲歩をするつもりでいたのである。

日本は、面積がカリフォルニアにも満たない人口八千万人の比較的小国であった。天然資源はほとんど保有せず、また冷酷な隣国であるソビエトの脅威に常に直面していた。天皇は、名誉と平和を重んじる人物であり、側近の攻撃的な軍国主義者を制止するために、できるかぎりのことを行なった。

もし、ルーズベルトの策謀による真珠湾攻撃をきっかけとした日米開戦がなければ、米国は簡単に日本との間で和平条約を締結できたであろうし、その条約の中で日本はフィリピンとオランダ領東インドを含む極東における全諸国との交易権とひきかえに、中国及びインドシナからの友好的撤退に合意したであろうことを確信している。

［解説・コメント］

●日本はあらゆる譲歩を行う用意があった

フィッシュは当時のジョセフ・グルー駐日米国大使をはじめとする知日派の米国外交官からかなりの量の日本に関する情報を得ていたに違いない。日本を高く評価し、かつ敬意にあふれた表現を使っていることから判断しても、人種差別が甚だしかったルーズベルトとは全く異なる日本観を持っていたことが伺われる。

フィッシュの論評にある通り、近衛首相は天皇陛下のご裁可を得て、一九四一年九月の時点で平和を維持するために信じられないほどの譲歩をするつもりでいた。これは日本国内でもつい最近まで殆ど知られていない事柄であった。前掲のハーバート・フーバー元大統領の著作『裏切られた自由』の中でも言及されている（同書八百七十九ページ）。これによれば、満洲返還以外は米国が求めていた殆ど全てを実現できるものであって、フーバーの見るところでは満洲返還の可能性さえもあったという。

更にフーバーの同書によれば、後日マッカーサーでさえも「ルーズベルトは一九四一年九月の近衛提案に沿って和平を達成できた筈だった。もし、そうすれば、太平洋と中国の自由、更に多分、満洲の自由も確保することが出来たと思われるので米国の目標を全て獲得することができたに違いない」と述べたという。

　しかし、いかんせん米国（ルーズベルト）の目的は、日本を出来るだけ早く戦争に引きこむことにあったのだから、当時の日本が馬鹿正直に思い悩んで、色々と譲歩策を必死に考えたのは、全くのムダであった。

ハーバート・フーバー

■いかに日本を挑発するか（三十八ページ）

［原文要約］

　コーデル・ハル国務長官は広範な回顧録を書いているが、その内容は**ルーズベルトの責任を隠蔽するために、非常に偏ったもの**となっている。特に重大な意味を持っている一一月二五日のホワイトハウスにおける重大な会合については、全く触れていない。

　スティムソンの日記によればその日の会合は、**この会合で協議された唯一の問題は、いかにして**

日本を操作し、扇動し、刺激して、以って日本に先に手をださせるかであった。その翌日、ハル長官は、日本からの暫定協定案（筆者注：［解説・コメント］参照）と九十日間の休戦案を拒否して、野村吉三郎駐米日本大使と栗栖三郎特命全権大使に〝恥ずべき〟戦争最後通牒（ハル・ノート）を手交した。これはパールハーバー後になるまで発表されず、発表時には注目されるところとならなかった。

栗栖大使は、これは日本側の暫定協定および休戦の要請に対する米側の回答であるのかを質した。ハル長官は、あいまいかつ実質上は否定的な返事をした。栗栖はそれに応えて、ハル長官の提案は〝最後を意味するに等しい〟と述べた。次なるステップは戦争であるということは明らかであった。

この日本の暫定協定案に対しては、ルーズベルト大統領は、チャーチルおよび蒋介石から抗議を受けた。ソ連もいかなる和平条件にも反対し、米国と日本との戦争に賛成していた。チャーチルは、ルーズベルトと同様に、もしも米国が対日戦にまきこまれれば、それは自動的に米国の対独戦参入を招来するということに気づいていた。その結果、暫定協定案は放棄されたのである。

［解説・コメント］

原文にある暫定協定案というのは、日本側が提示していた「乙案」のことである。日本側が一九四一年九月六日に御前会議において決定したもので、まず「甲案」を提示して交渉を進め、これが受け容れられない場合にはより譲歩の度合いを強めた「乙案[19]」を提示してゆく、というもので、いわば日本側の最大譲歩案だった。

ルーズベルトとその一派が一一月二五日に集まって、日本を如何に追い詰め、挑発して開戦せしめるかというテーマを専門の議題として討議したこと、しかもそれを極秘扱いにしたことをこのフィッシュの著書によって具体的に知るに及んで、筆者は日本が失った数多の尊い人命に思いを致して、腹わたが煮えくりかえる思いだった。

法律的にいえば、ルーズベルトの行為は成り行き上で偶々そうなってしまったという「結果責任」を問われる行為ではなく、「故意による確信犯」の行為だったのだ。つまり、ルーズベルトは予め犯罪事実の認識を持って（錯誤ではない）、この一一月二五日の会議その他の機会に事前に周到な準備を行った上で、色々な結果の予測まで行った上で行動した「故意による確信犯」だったのだ。若しこれが、二〇〇三年の国連国際刑事裁判所[20]の設置以降の出来事であったならば、立派な（!?）国際刑事犯罪を構成するところで、ルーズベルトが個人として国際犯罪の加害者になるところだった。

19）乙案：
一．日米両国政府は孰れも仏印以外の南東亜細亜及南太平洋地域に武力的進出を行わざることを確約す
二．日米両国政府は蘭領印度に於て其必要とする物資の獲得が保障せらるる様相互に協力するものとす
三．日米両国政府は相互に通商関係を資産凍結前の状態に復帰すべし　米国政府は所要の石油の対日供給を約す
四．米国政府は日支両国の和平に関する努力に支障を与うるが如き行動に出でざるべし
20）国際刑事裁判所：国連は二〇〇三年に国際刑事裁判所（ICC=Interrnational Criminal Court）をハーグに設置した。国際刑事裁判所（ICC）の構成、管轄 犯罪、手続などを規定する国際条約が通称「ローマ規定（The Rome Statute of the ICC）」と呼ばれている。注目すべきなのは、「侵略」問題が“国家の国際犯罪”を対象としている国連の国際司法裁判所（ICJ=International Court of Justice）の所管ではなく、“個人の国際犯罪”を対象とするこの国際刑事裁判所の担当になったことだ。つまり、犯罪行為としての侵略の概念を、国内法における個人による民事上の不法行為や、刑事上の強盗・殺人・傷害などの暴力犯罪のアナロジーとして概念形成を図ろうとすることになったものである。二〇一〇年には、ウガンダのカンパラで国際刑事裁判所のローマ規程検討会議が行われ、侵略犯罪の定義も再検討されることになった。以来、毎年の膨大かつ頻繁な検討作業が始まったのである。もちろん個人の国際犯罪ベースの検討と議論である。

フィッシュの記述はこの時期における米国側の情況が主であって、当然ではあるが日本側の情況については詳しい言及がない。読者にぜひ知って頂きたい重要な側面でもあるので、筆者として若干の紙面を費やして補足しておきたい。

当時のルーズベルトとその一派の動きが米国としてはいわば非合法のものであったこと、及び本件の本質は相互の要求をぶつけ合う交渉事ではなくて米国が日本を挑発して如何にして最初の一発を撃たせるかという画策であったこと、について本フィッシュの記述によって明らかである。

しかし驚くのは、当時の日本側がそうした事実に全くの無知であったことだ。こんなことは別に機密でもなんでもなく、日本側の情報と米国内の情報（新聞とラジオ）をつきあわせればすぐ判る事であった。

米国の一国平和主義の立場は、いくらでも新聞やラジオでも報道されていることである。更に在外の外務官僚として日頃から政界事情やなどについての人的情報ルートを持ってさえいれば、日本が直面している情況と米国の一国平和主義的な情況の間のあまりにも大きなギャップに当然気が付いた筈である。それにもかかわらず、日本はルーズベルトとその一派の行動が、米国民の大多数の意向に全く反していることに、気づいてさえもいなかったのである。

当時の日本外務省の在外公館の情報収集能力及び広報能力が如何にお粗末であったかを物語っている。当時から日本の在外公館の基本的な姿勢は、〝友好第一〟、〝事なかれ主義〟、及び〝秘密外交主義〟であったのだ。

若し、ハル・ノートの内容や具体的な日米交渉の内容などを何らかのルートで米・共和党筋やマスコミにでも流していれば、米国内で大変な混乱がおきていたに違いない。日本の新聞に大々的に報じるだけでもよかった。中立国の外交部門やマスコミに流して発表してもらってもよかった。戦争を食い止めることさえも出来たかもしれないのだ。

在米日本大使館は、米国内の状況は細大漏らさず日本に伝えていたにもかかわらず無視されていたのかもしれない。あるいは本国が何の情報もよこさずにいたのかもしれない。あるいは、大使館員には英語が堪能な者がいなくて、情報ルートなどは誰も持っていなかったのかもしれない。しかしながら、どんなやむを得ないように見える事情が有ろうとも、政治家と官僚は結果について責任を取らなければならないのだ。

日本の外務省の情報戦争インテリジェンス音痴は、戦前からの伝統的なものであった。日本の外交を担当していた外務省の責任は重大である。

●外務省の怠慢（宣戦布告文遅延）

開戦も已む無しとの結論に至った日本は、ワシントン時間十二月六日の午前に野村吉三郎駐米日本大使に向けて、長文の外交文書を送る旨の予告電報（通称パイロット・メッセージ）を送った。重要文書を米国に手交する準備をするようにと指示したものだ。ところが、最終ページがなかなか到着しなかったために、ワシントンの日本大使館員は同僚の寺崎一等書記官の送別会（中国料理店）

に出席するために大使館から一人残らず引き揚げてしまった。この重大な時期に信じられないほどの職務怠慢である。

翌七日（ワシントン時間）の朝九時に海軍武官が大使館に出勤して、この重大文書を発見した。現地時間の午後一時にアメリカ側に手交せよと書いてある。武官が大使館員に連絡を取り、それから大騒ぎの対応作業が始まった。とりあえずハル長官に午後一時のアポを取り付けたが、解読とタイプ清書に手間取ってとても作業が間に合わない。

ハル国務長官は、回想録の中で次のように書いている。

「日本政府が午後一時に私に会うように訓令したのは、真珠湾攻撃の直前に通告を私に手渡すつもりだったのだ」

結局、野村大使と来栖三郎特命全権大使がハル国務長官に面会したのは午後二時二〇分頃だった。現地の真珠湾では既に七日午後一時二十五分（日本時間八日午前三時二十五分）に攻撃が開始されていた。ただし、この重要文書も宣戦布告の体裁を整えていなかった。文書の最後は次の通りであった。

「仍テ帝国政府ハ、茲《ここ》ニ合衆国政府ノ態度ニ鑑ミ、今後交渉ヲ継続スルモ妥結ニスルヲ得ズト認ムル外ナキ旨ヲ、合衆国政府ニ通告スルヲ遺憾トスルモノナリ」

つまり、交渉打ち切り通告文だったのだ。

野村大使は、午後一時という時刻の重要性を知っていた筈だから、たとえ内容の概要だけでも文書化して通告は行っておくべきだった。完成文書は後で届ければよかった。少なくとも「何の通告もなしの卑怯なだまし討ち」という非難の根拠を与えずに済んだ筈だ。米国は既に日本の暗号文を全て解読して内容を知っていたのだから実害は無かったとはいえ、外務省は国際間のフォーマリティーを扱う役所なのだから言い訳は出来ない。

不可解なのは、その責任者への処分が皆無であったことだ。外務省は怠慢についての責任を認めようとしなかったが、一九四六年に外務省としての一応の調査が行われた由で、後日その報告書が出てきた。最高責任者である野村大使と来栖大使については，先輩を護ろうという外務省全体の雰囲気の中で、責任を問うべきだという空気さえもなかった。

井口貞夫参事官は館務統括者であったが、本人には責任の自覚さえなかったという。後に外務事務次官や在米特命全権大使を務め、後に勲一等瑞宝章まで受けている。直接の主席担当書記官は、奥村勝蔵一等書記官であったが、彼も昭和二七年には外務事務次官に任命され、後にスイス大使にも任命された。何ということだろう‼

(吉田茂が子飼いの部下の奥村勝蔵一等書記官に宣戦布告書の米国務省送達を故意に遅らせて不意打ちを画策したという説がある。たとえそうであったとしても米国は暗号電報を解読していたのだから不意打ち策謀は空振りだったことになる。それどころかルーズベルトに真珠湾攻撃「奇襲」の演出を助けることになり、米国民の対日憎悪を煽る役にたってしまった)

外務省は上から下まで職務怠慢については何の痛痒も感じていないのである。慰安婦問題、南京問題、ユネスコ記憶遺産登録問題、靖国問題、等々についての、対中・韓関係への彼らの対応姿勢は、七十年以上経過した現在でも全く変わることなく続いている。日本の外務省は亡国官庁のトップに位置付けられる。少しは国のためにも働いてもらいたいものだ。また、そうした風潮があるのを百も知りながら、それを放置してきた政治家の責任も大きい。

●国際関係の醜さ

筆者は、ルーズベルトとその一派の陰険な策謀については、智識として知ってはいたが、彼らが国際平和主義を実行するにあたって環境の変化に徐々に対応するに従って、結果的に陰険な策謀を行う形になってしまったのかもしれないと、漠然と感じていた。いやしくも自由主義世界のリーダーである米国の大統領なのだから、政治家としての最低限のモラル位はある筈との無意識の願望があったのかもしれない。

戦後、米国から押し付けられた日本国憲法の前文には『日本国民は、恒久の平和を念願し、人間相互の関係を支配する崇高な理想を深く自覚するのであつて、平和を愛する諸国民の公正と信義に信頼して、われらの安全と生存を保持しようと決意した』とある。

この世にありもしない〝平和を愛する諸国民の公正と信義〟という言葉が、如何に白々しいものかを思い知らされるではないか。この前文は、もし『諸国民が日本は不要だから潰してしまえ』と考えたら、日本は自殺しようではないか、という文言に等しい。

更に、憲法に『第九条：日本国民は、正義と秩序を基調とする国際平和を誠実に希求し、国権の発動たる戦争と、武力による威嚇又は武力の行使は、国際紛争を解決する手段としては、永久にこれを放棄する。二：前項の目的を達するため、陸海空軍その他の戦力は、これを保持しない。国の交戦権は、これを認めない』と定められたことが、権謀術策うずまく国際関係の中で如何に危険なものかを思い知るばかりだ。

こういう国家主権を無視した自殺憲法は、初めから無効であって当然なのに、昨今の安保関連法案の審議にあたって日本のほとんどの憲法学者が現行憲法の条文の解釈論に捉われて違憲論を唱えたのは本末転倒の極である。情けない‼　法曹実務家が解釈論に拘るのはやむを得ないが、少なくとも憲法学者は憲法は如何にあるべきかを中心に考えるべきだ。まともな憲法学者ならば、「現行憲法は米国に押し付けられたものであるし、自殺憲法であるから無効というべきで、可及的速やかに日本国民が実質的に主権者として関与する自主憲法を作るべきである」と叫ぶべきなのだ。

〝九条の会〟の、「日本は平和国家であって他国を攻撃することはないことを諸国が理解すれば、日本が攻撃されることはない」などという主張が、如何に絵空事に過ぎないかが良く判る。そういう主張は、中国に対して言ってほしい。もっとも国際関係の本質は交渉事や理念で決まるものではないから、返事が来るわけがないが。

日本国民はこうした国際関係の利己的な醜さの実情をよく理解して、ナイーブ過ぎる姿勢はいい加減で改めて、日本の自衛体制がこれで良いのかをもっと真剣に考える必要がある。

●日米開戦は米国が決めた

ルーズベルトとその一派による日本に対する要求は苛酷を極めた。なお、ここでは敢えて「ルーズベルトとその一派による」と言って「米国による」という表現を使わなかったのは、彼等の動きは非合法なものであって米国民の総意ではなかったからだ。ルーズベルトとその一派は日本を追い詰めることにより、自らの祖国をも裏切っていたのである。

日本は米国からの難題への対応に苦慮して、何回も御前会議を開いた。昭和一六（一九四一）年九月六日に第三次近衛内閣が開いた御前会議は、列強の対日石油輸出全面禁止にどう対処するかについてのもので、絶望的な雰囲気が支配的であった。この折に永野修身海軍軍令部総長が発した次の言葉は当時の日本が追いやられた苦しい立場を如実に言い表している。

『米国の主張に屈服すれば亡国は必至であろうが、戦うもまた亡国であるかも知れない。すなわち戦わざれば亡国必至、戦うもまた亡国を免れぬとすれば、戦わずして亡国にゆだねるは身も心も民族永遠の亡国であるが、戦って護国の精神に徹するならば、たとい戦い勝たずとも祖国護持の精神がのこり、われらの子孫はかならず再起三起するであろう。（海軍）統帥部としてはもとより先刻申したとおり、あくまで外交交渉によって目的貫遂を望むものであるが、もし不幸にして開戦と決し大命が発せられるようなことになるならば、勇躍戦いに赴き最後の一兵まで戦う覚悟である』

しかし昭和天皇は、この時点では戦うもやむなしとの選択肢をお許しにならなかった。そして、あくまで外交により解決を図るよう命じられた。その際、次の明治天皇の御歌を引用された。すなわち『四方の海　みなはらからと思う世に　など波風の立ち騒ぐらむ』である。

結局、近衛文麿首相は今後の局面の運営に自信がないとして辞任してしまった。当時の内大臣木戸幸一は重臣会議[21]をリードして陸軍大臣だった東條英機を後継首相にと奏薦《そうせん》して天皇陛下のご裁可を取り付けた。重臣会議の決定は、東條は対米開戦の最強硬派ではあったが天皇陛下のご意向を絶対視する軍人であったので、陸軍を抑えて開戦回避に持って行くことが出来る唯一の人物であるとの逆転の発想によるものであった。かくして昭和一六（一九四一）年一〇月一八日に東條英機が首相に任命された。

天皇陛下は首相任命の折に、東條に対して対米戦争回避に尽力するように直接指示された。東條は直ちに外相に対米協調派であった東郷茂徳を据え、一旦、前述の『帝国国策遂行要領』を白紙に戻した。そして最大の難問であった中国からの撤兵要求についても長期的・段階的に撤兵するという趣旨の二つの妥協案（甲案・乙案）を提示する方策を採った。日本側としては最大の譲歩であった。しかし、ルーズベルトは日本に譲歩をさせるのが目的ではなかったので、当然、聞く耳を持たなかった。

一一月五日には、一一月末日を交渉期限として引き続き外交交渉を行うことが決定されたが、同時に、もし交渉が不成立の場合は開戦も已む無しとの決意が盛り込まれた『帝国国策遂行要領』が遂に御前会議で決定された。しかし、この時点でもまだ日本は、交渉の条件次第で開戦を回避する可能性がゼロではないと考えていた。ルーズベルトが日本側の回答如何

21）清浦奎吾《けいご》・若槻禮次郎《れいじろう》・岡田啓介・広田弘毅・林銑十郎《せんじゅうろう》・阿部信行・米内光政・原嘉道（枢密院議長）・木戸幸一（内大臣）

にかかわらず開戦をするつもりであることには思いもよらなかったのである。

このような情況の中で一一月二七日（米時間二六日）にハル・ノートが提示された。前述の通り、ルーズベルト大統領とハル国務長官は、日本からの回答を待つことなく、ハル・ノート手交の翌日、すなわち一一月二七日に「開戦が迫っているので戦闘準備をせよ」との命令を在ハワイの司令官を除く全ての前線指揮官に発したのである。前述のフライング・タイガース航空隊の蒋介石軍への派遣を見ても分かるように、日米間の開戦は日本が決定したのではなく、米国が先に実行したものである。この点は、日本人の自虐史観の原点であるので、全日本人がしっかりと知るべきである。

●大東亜共栄圏構想

当時、東條内閣の重光葵外務大臣は、「戦うことに決した以上、日本国の名誉の為にも堂々たる主張がなければならぬ。それは『アジア諸国の解放と独立』である」、と東條首相に進言したのである。東條首相は大賛成で、早速、天皇陛下に奏上してご裁可を得た。以後、本構想は正式な国策となったのである。

素晴らしい発想ではないか‼　何たる高潔で、命よりも名誉を重んじる武士道の精神に溢れた言葉であろう。筆者は、この言葉を知るに及んで感動して思わず涙した。そして、当時の絶望的な環境の中でも、こうした発想の出来る為政者が日本に存在していたことについて心から誇りを覚えた。

この、欧米諸国による植民地支配からアジア諸国を解放して共存共栄の新たな国際秩序建設を目指そうという『大東亜共栄圏の構想』は、複数の識者[22]によって以前から唱えられていたものであり、決して付け焼刃ではない。前総理の近衛文麿の強い持論でもあった。

近衛文麿は昭和一三年に『東亜新秩序』の語を用いて、シナ事変の目的は東アジアにおけるブロック勢力圏の建設であると述べている。昭和一五年七月に近衛文麿内閣が決定した「基本国策要綱」にも明示されている。ただし、具体的な方策については決まっていなかったので、翌年二月に構想の実現化に向けて内閣総理大臣の直轄の大東亜建設審議会が設置された。

昭和一八（一九四三）年には、戦局利あらずして日本の敗色が濃くなったが、東京で大東亜会議が行なわれて、アジア諸国の首脳が出席した。日本（東條英機首相）、中国（汪精衛《おうせいえい》行政院長）、満洲国（張景恵《ちょうけいけい》国務総理）、タイ（ワン・ワイタヤコン首相代理）、フィリピン（ラウレル大統領）、ビルマ（バ・モウ首相）、及び自由インド仮政府のチャンドラ・ボース主席などだ。

同会議ではこれらのアジア諸国の代表は「白人支配からの解放」の成果を高らかに賛美した。これはバーフィールドのいわゆる「歴史の虹[23]」を見るものであった。自虐史観に取りつかれた者が揶揄するような「アジアの傀儡を集めた茶番劇」などでは決してなかった。

22）大東亜共栄圏構想を唱えていた識者：北一輝や石原莞爾《かんじ》は汎アジア主義を唱えた。日中戦争初期の一九三〇年代においては、当時の近衛文麿首相のブレイン集団である昭和研究会（三木清・蝋山政道・尾崎秀実・新明正道・加田哲二・杉原正巳ら）が東アジア地域において民族・国家を超克する協同体の建設を主張した政治理論・思想を唱えた。鹿島守之助は『汎亞ア細ジ亞ア運動と汎欧ヨー羅ロッ巴パ運動』（大正一五年，一九二六年）。「汎アジア主義」を著した。なお、鹿島が外交官時代に提言したのは「汎欧州」を掲げる欧州連合の父クーデンホーフ＝カレルギー伯爵である。昭和一五（一九四〇）年に近衛文麿内閣が決定した「基本国策要綱」に関して松岡洋右外相が談話に頻用したので一般化した。

誰が何と言おうとも、日本が大東亜戦争を戦うことなしに、これほど速やかにかつ広範囲にアジア諸国が白人国家の欧米列強による植民地支配を脱して独立を達成することはあり得なかった。具体的な細部ではいろいろな問題があったにしても、これは厳然たる事実である。アジア諸国は異口同音に日本に対する感謝の念を述べている。例外は中・韓だけだ。

彼等の曰く「日本の存在しない世界を想像してみたらよい。もし日本なかりせば、ヨーロッパと米国が世界の工業国を支配していただろう」（マレーシアのマハティール首相。一九九二年・香港。本スピーチの最中に欧米代表が立腹して退席した）、曰く「五十年前の戦争をなぜ詫びるのですか。米国、英国、オランダ等は侵略をしても詫びたことはありません」（フィリピンのラモス大統領。一九九四年の土井たか子衆院議長の謝罪の辞に対して）、曰く「ビルマはこのビルマに対する最大の貢献に対する日本人への感謝を永久に記憶せんことを希望する」（ビルマ初代首相バ・モオ。一九四三年の独立式典にて）、曰く「日本はアジアの光である。大東亜戦争はアジアの独立のための戦争であったゆえ、本来ならアジア人が戦うべきであったのに、日本人が敢然と立ち上がって犠牲になった」（インドネシアの大統領特別補佐官アリ・ムルトポ准将。一九七七年のマニラでの国際会議で日本を批判する韓国代表を窘《たしな》めて）、曰く「台湾人から、なぜ日本統治に対する恩讐や批判の声が出てこないのか。それは戦前の日本人は実に立派であり、そして日本による台湾経営が素晴らしかったからである」等々である。

23）歴史の虹：歴史の本質についてオーエン・バーフィールドが唱え、渡部昇一上智大学名誉教授が紹介した「歴史は虹を見よ」という言葉。「歴史は、虹のようのもので多くの水滴や霧により構成されているが、水滴や霧のような細部にこだわると大きな流れを見ることができなくなる。「歴史は虹のような全体を見ることが特に重要である」との趣旨。

●大東亜戦争の歴史認識

日本は大東亜戦争において多くの尊い人命と財産を失い、筆舌につくせない苦しみを味わった。しかし、その歴史的な意義は世界史上に燦然として輝いている。しかし多くの日本人は未だに自虐史観に捉われて、その意義を理解できないでいる。教育がそれをしっかりと教えないからだ。

東京大学総長までも勤めた歴史家の林健太郎氏は「(大東亜戦争)が結果的にアジア諸民族の独立をもたらしたことは確かだが、それは日本が敗退した後のことで、戦争中に日本が独立させたものではない」と述べた。

また、安倍晋三首相が戦後七十年談話の作成に向けて設置した私的諮問機関「二十一世紀構想懇談会」(座長：西室泰三氏、座長代理：北岡伸一氏)の報告書の中に、「(大東亜戦争)の結果、多くのアジアの国々が独立した。多くの意志決定は、自存自衛の名の下に行われた。(中略。日本人にも)アジア解放のために戦った人は勿論いたし、結果としてアジアにおける植民地の独立は進んだが、国策として日本がアジア解放のために戦ったと主張することは正確ではない」という記述がある。自虐史観に取りつかれたとんでもない話だ。歴史家までもが自虐史観に捉われてしまったのだ。

史実の評価には、組織や個人の主観的意図の存否は全く関係がない。主観的な意図が存在していても、それが空振りに終わって何の客観的結果も生まなかったら、史実としての存在さえも否定される。逆にいえば、たとえ組織や個人の主観的意図がなくても、それがあったのと同じ客観的結果が生じていれば、それが前述の「歴史の虹」となるのだ。

日露戦争は世界のアジア諸国の脱植民地化の大きな流れを作り出した。日本が大東亜戦争を戦った主目的はたしかに自衛のためと資源獲得の為であった。しかし、誰が何と言おうとも日本が大東亜戦争を戦ったおかげで、多くのアジア諸国がそれまでの白人による植民地支配から急速に解放されたという客観的な事実は動かない。「歴史的評価は、個人や組織の〝主観的意図〟の存否の問題ではなく、〝客観的結果〟が問題」なのだ。

大東亜戦争における「客観的結果」は、長年にわたる白人による植民地支配を日本が解放して（あるいは解放を助けて）アジア諸国の独立に貢献したという厳然たる史実なのである。誤った東京裁判史観のせいで、長い間日本人の心の底に罪悪感がトラウマとなって澱のようにしこっているが、大東亜戦争は、「西欧諸国のアジア侵略に対抗したアジア人による自衛戦争」だったのだ。日本人は堂々と誇りを持ってよい。

■アジアにおける英国と日本の権益（四十ページ）

［原文要約］
真珠湾の悲劇にまつわる真相については、**米国議会は完全に無視され、国内の一握りの米国人が**

最後通牒（ハル・ノート）の存在を知るのみであったにもかかわらず、ウィンストン・チャーチル及びイギリス軍幹部は、この動きについて遂一報告を受けていた。

ルーズベルトがチャーチルと全ての作戦面で緊密に連絡を取り合っていたのは明らかであり、米国議会と米国民は完全に蚊帳の外に置かれていたのである。ルーズベルトがチャーチルに対して、アジアにおける英国の権益を保証をするとの言質を与え、それと引き換えに英国は日本との縁を切ったのだ。かくして日英同盟は終焉に至った。

どうしてイギリスが極東における数多くの領土を保有する絶対的な権利を持つべきであり、その一方で日本が近隣諸国からコメ、石油、ゴム、錫その他の商品を購入することさえもできないくらいの制限を米国によって課せられなければならないのか（筆者注：この点については、フィッシュはより詳細に後述している。日本の立場について理解を示し、同情してくれている）。

日本人は高度の忠誠心、誇りおよび愛国心に満ちた、非常に感受性の強い、誇り高き、かつ勇敢な民族である。第二次世界大戦の三十五年前に、日本海軍はロシア艦隊を打ち破り、その陸軍はロシア人を満州から一掃している。

現在、日本は米国にとってアジアにおける最良かつ最も信頼できる友邦であるが、その一方で、以前は同盟国であったソビエトは、米国の敵、かつ世界を通じて自由に対する敵となっている。米国と日本の運命は、友情によってのみならず、自由と民主主義の原則によってお互いに結び付けられている。

日本人は大戦において最後まで勇敢に戦った。両国間に二度と戦争が起ることがなく、日・米が二つの偉大な国家として、永遠にその自由・独立及び主権の保全に向かって前進することを祈りたい。

全世界は、日本が攻撃された際には、米国はこれを防衛する約束を遵守することを知るべきである。

（筆者注：フィッシュと同じ共和党から、新たに米国大統領に就任したドナルド・トランプは、「米国は他国の安全迄保障してやる余裕はない」と述べて、全く異なる見解を述べている。時代の変遷の故だろうか？）

［解説・コメント］

●日本への高い評価

フィッシュは日本人を評して「高度の忠誠心、誇りおよび愛国心に満ちた、非常に感受性の強い、誇り高き、かつ勇敢な民族である」と述べている。このフィッシュの日本人評を奇異に感じたり誉め過ぎと思ったりした方は、今なおＧＨＱが行ったＷＧＩＰ（戦争責任情報プログラム）の毒から脱していないと考えた方が良い。

実際、戦前の日本人の資質は極めて高邁で、来日した外国人が口を極めて賞賛している。当時は、現在のようなヘッピリ腰で利己的な人間が多い日本ではなかったのだ。それが無気力で情けない日本人ばかりになってしまったのは何故だろう。

ＧＨＱがＷＧＩＰにおいて、広範囲で厳しい言論統制、暗黒史観の植え付け、焚書、等により巧妙な洗脳を実施し、かつ戦前・戦中の日本人を徹底的に卑しめて、日本人をすっかり骨抜きにしてしまったからだ。それにしても、いくら反省好きな日本人でも、あまりにも無批判で素直すぎないか。そろそろ目覚めて欲しいものだ。

検閲による言論統制は、昭和二〇（一九四五）年九月一五日と一七日の朝日新聞の記事差し止めと業務停止命令[24]をきっかけとして、日本中に猛威を振るい始めた。昭和二一（一九四六）年には「削除または掲載発行禁止」（SCAPIN-33）通達、いわゆるプレスコードが発せられて極めて広範囲な三十項目[25]に及ぶ検閲指針がまとめられた。

民主主義と自由の価値を教えてくれた筈のＧＨＱ自身が、こんな言論統制をやっていたとは日本人は夢にも思わなかったのである。焚書も行なわれた。実に七千七百六十九冊もの書物が官公庁、図書館、書店などから没収されて廃棄された。もちろん、こうした一連の言論統制は報道されることはなかった。

ＧＨＱは戦中・戦前の日本を、国民の生活は虐げられて人権は無視されており、封建的な悪弊を数多く残している歪んだ社会として宣伝した。いわゆる「暗黒史観」だが、勿論、事実とは異なる。その御先棒を担いだのはカナダの外交官で共産主義者のハーバート・ノーマ

24）朝日新聞の一五日の記事は鳩山一郎の「原爆は国際法違反の戦争犯罪だった」という趣旨の談話、一七日の記事は「求めたい軍の釈明、"比島の暴行"発表へ国民の声」という記事がそれぞれ問題にされて、二日間の業務停止命令を受けた。以来、朝日新聞は米軍の権力にへつらう新聞になってしまった。

ンだ。彼はＧＨＱの組織に潜り込んで戦後の日本社会の共産主義化に尽力した。ノーマンの著作『日本における近代国家の成立』や、『忘れられた思想家、安藤昌益』は大内兵衛や丸山真男が絶賛している。戦前の日本を良いことは何もない暗黒の時代として描いたので、戦後の左翼学者に大いにもてはやされた。

■最後通牒に秘められた米国の読み（四十二ページ）

［原文要約］

ルーズベルトとハルによる最後通牒（ハル・ノート）は一一月二七日（日本時間。米国では二六日）の朝、皇居で開催中であった御前会議に届いた。ハルはこの時点で既に**陸軍長官であるスティムソンに対し、「もはやすべては陸軍と海軍の手にゆだねられた」と述べている。**日米の外交交渉の段階は過ぎたので、次は戦争の段階であるという意味だ。

この最後通牒に関しては、日本の歴史、制度、および心理を深く知ることなくしても、次の三つの結論を導き出すことができる。

一、自由主義的であると反動的であるとにかかわらず、日本のいかなる内閣

25）検閲プレスコード三十項目：一、連合国最高司令官又は総司令部への批判、二、極東国際軍事裁判への批判、三、ＧＨＱが日本国憲法を起草したことに対する批判、四、検閲制度への言及、五、米国合衆国批判、六、ソ連批判、七、英国批判、八、朝鮮人批判、九、中国批判、十、その他の連合国への批判、十一、連合国一般への批判、十二、満洲における日本人取り扱いについての批判、十三、連合国の戦前の政策に対する批判、十四、第三次世界大戦への言及、十五、冷戦に関する言及、十六、戦争擁護の宣伝、十七、神国日本の宣伝、十八、軍国主義の宣伝、十九、ナショナリズムの宣伝、二十、大東亜共栄圏の宣伝、二十一、その他の宣伝、二十二、戦争犯罪人の正当化および擁護、二十三、占領軍兵士と日本女性との交渉、二十四、闇市の状況、二十五、占領軍軍隊に対する批判、二十六、飢餓の誇張、二十七、暴力と不穏の行動の煽動、二十八、虚偽の報道、二十九、GHQ または地方軍政部に対する不適切な言及、三十、解禁されていない報道の公表

も、これらの条項を和解のための基礎として受け入れれば、たちまちのうちに倒されてしまう危険を負うことになったであろうこと。

二、米国国務省は、ドラスティックな最後通牒は、〝太平洋における平和維持に向けての〟新たな対話のためのプログラムとしては、日本政府の受け入れるところとはなりえないことを承知していたこと。

三、ルーズベルト大統領とハルは、日本に対し最後通牒を送りつければ、何らの宣戦布告なしに、公然たる戦争行為が始まるであろうことを承知していたこと。

［解説・コメント］

●ハル・ノートの苛酷さ

ハル・ノートについて、「これと同じ通牒を受け取った場合には、モナコ公国やルクセンブルグ大公国のような小国でさえも、武器を手にして立ち上がったであろう」という有名な言葉がある。これは東京裁判で東郷茂徳と梅津美治郎の弁護人を務めたブレイクニー陸軍法務少佐が米国人の歴史家のアルバート・ジェイ・ノックの言葉を引用したもので、後に、判事を務めたインド代表のパール博士も追随引用した。フィッシュの言葉と同じ趣旨だ。

この言葉に対して、「モナコやルクセンブルグのような植民地を持たない少国が大国の米国に対して戦争を仕掛けるなどということは、いくら何でも現実的ではない」などと枝葉末節をつっつくバカな歴史学者がいるが、意味のない議論だ。〝弱小国でさえも〟を意味する比喩であるのだから、現実性を問題にする必要はない。

●真珠湾攻撃の被害

日本軍の真珠湾攻撃は、昭和一六（一九四一）年一二月八日未明（ハワイ時間七日）に行われた。六隻の航空母艦を中心として、戦艦二隻、重巡洋艦二隻、軽巡洋艦一隻、駆逐艦九隻、補給艦から成る機動部隊がハワイ近くまで進出して、二回にわたって三百五十機の艦上攻撃機、爆撃機、及び戦闘機をもって真珠湾在泊中の米太平洋艦隊艦艇や飛行場などを奇襲した。

米国側が被った被害は、死亡者が約二千四百人で、そのうち民間人は五十名前後であった。民間人の犠牲者のほとんどは演習と思って真珠湾が良く見える丘の上で見物していて、対空砲火の砲弾の破片により死傷したものだった。

日本の大本営発表では、米戦艦五隻を撃沈し、三隻が大破修理不能となったと報じられた。しかし被害を受けた戦艦八隻のうち六隻は後に引き揚げられ復帰したので、最終的に米海軍が失った戦艦は二隻（アリゾナ号が爆発により撃沈、オクラホマ号が転覆）に過ぎなかった。なおこの大戦中に米海軍が失った戦艦はこの二隻のみである。この他に三隻の軽巡洋艦が多少の被害を受け、三隻の駆逐艦が大損害を被った。米空軍は三百五十九機を失った。

重要攻撃目標であった空母二隻は、ルーズベルトとその一派による事前工作によって港外に逃れていたので、これを撃沈できなかったことは日本側の短期決戦戦略の失敗の一因となった。日本側の被害は参戦した航空機三百五十機中、損害は二十九機で、死者は六十四名という軽微なものであった。

第二章　パールハーバーの悲劇

■「恥ずべき行いの日」声明（四十七ページ）

［原文要約］

日本による真珠湾攻撃の翌日、ルーズベルト大統領は議会において演説をして宣戦布告決議を要請した。演説においては、彼が権謀術策を用いて日本を追い詰めてきたこと、日本がどんな譲歩を行っても一切聞く耳を持たなかったこと、そして、（ハル・ノートを突き付けて）日本を追い詰めて開戦に追い込んだこと、などは一切隠蔽してあくまでも日本を悪の権化として徹底的に非難したものであった。

この演説は、米国民たちを憤激せしめて奮い立たせた。同日、米議会は全会一致で日本への宣戦布告を承認した。そして、「リメンバー・パールハーバー！」の合言葉がアメリカ全土に広まったのである。

このルーズベルト大統領の演説に対して、**私（フィッシュ）を含めたすべての米国人は、ルーズ**

ベルト大統領とともに、日本による真珠湾攻撃を、〝恥ずべき行いの日〟として非難した。議事運営委員会の共和党有力メンバーとして、私は一九四一年一二月八日月曜日に、日本に対する宣戦布告決議のための審議を開催した。私はその中で、第一番目に演説を行なった。（後略）

しかし後日になって私（フィッシュ）はこの演説を撤回し、次の通りに述べた。

私は、ルーズベルトが日本に対し、恥ずべき戦争最後通牒を送り、日本の指導者に開戦を強要したということを知っており、この演説を恥ずかしく思う。演説を行った時点では、私は明快に発言し、自分の発言に誇りをいだいていた。以下、その時、私が行なった演説である。

議長、私は悲しみと日本に対する深い憤りの念をもって、宣戦布告に対する支持を表明するものである。

私は、過去三年の間、欧州およびアジアにおける戦争にアメリカが参加することに一貫して反対してきた。しかし、ワシントンにおける和平交渉継続中に、かつ、最終段階における天皇に対する大統領の個人的要請を無視して行われた、日本の海・空軍による不当、邪悪かつ厚顔無恥で、卑怯な攻撃の結果、戦争は不可避かつ必要となった。

米国内で論争、対立をすべき時は過ぎました。今や行動をとるべき時である。

介入主義者および非介入主義者は、相互に告発と再告発、批判と反論を繰り返すことを止め、戦争遂行のために、大統領と政府の下で一致団結しなければならない。日本による残虐な攻撃に対する答えはただ一つ、いかなる血、財産および悲しみを代償としても、最終的勝利まで戦いぬくということである。この日本の、我々の領土に対する、挑発されない、かつ無意味な侵略行為は、戦争によって報いられなければならない。

私は、外国における戦争に介入することに一貫して反対してきたが、同時に、もしもわれわれが外国勢力により攻撃を受けるか、または合衆国議会が米国的かつ憲法に合致した方法で宣戦を布告した場合には、大統領とその政府を最後の最後まで支持する、ということも繰り返し表明してきた。

神々は、その滅ぼそうとする者たちをまず狂気にさせる。日本は、完全に乱心するに至り、挑発されない先制攻撃をしかけることによって、その陸・海軍および国家自体にとっての自殺行為を犯した。

私は、適当な時期に、前世界大戦と同様に、戦闘部隊の、そして望むらくは有色人種部隊の司令官として従軍することを申し出るつもりである。

米国を防衛し、戦争に狂った日本人の悪魔たちを全滅させるためならば、私はいかなる犠牲をも払うことであろう。

今や戦いに臨むのであるから、アメリカの伝統に従い、昂然と頭を上げていこうではないか。そして、この戦争は、侵略に対抗し、祖国領土を守るためだけのものではなく、全世界の自由と民主主義を守るための戦いであることを、かつわれわれは勝利を得るまでは戦いをやめないことを、世界に知らしめようではないか。
私は、全米国市民、特に共和党員と非介入主義者に対し、個人的見解や派閥意識を捨て、合衆国軍隊の勝利を確保するために、我々の総司令官である大統領の下に団結するよう要請する。
我らが祖国よ。外国と接するにあたり、祖国が常に正しくあるよう。しかし、正邪にかかわらず、我らが祖国よ。

（筆者注：ルーズベルトにすっかり騙されてしまったものだが、その限りにおいては愛国者としてのフィッシュの面目躍如たる名演説だったということが出来よう）

［解説・コメント］

日本の真珠湾攻撃の翌日の十二月八日にルーズベルト大統領が行った議会に対する宣戦布告承認を要請する演説の概要は次の通りであった。前項のフィッシュの演説の直前に行われたものだ。

『米国は、昨日、突然に日本帝国の海軍空軍による攻撃を受けた。米国は日本とは平和な関係にあり日本の懇願に応じて太平洋における平和維持のための交渉を日本政府および天皇と行っている途中だった。ところが日本の空軍部隊が突然オアフ島に爆撃を開始した。そして、その一時間後に駐米日本大使が米国の提案に対する公式返答を我が国務長官に手渡したのだ。

その内容は、これ以上の外交交渉は無意味なので打ち切るというものだったが、軍事攻撃による戦争への警告も示唆も含まれてはいなかった。しかし、この攻撃はかなり前から意図的に計画されたものであることは明らかである。

昨日のハワイ諸島への攻撃はアメリカ陸海軍に深刻な損害をもたらし、多くのアメリカ人の命が奪われた。加えて米国近海の公海上でアメリカ国籍の艦船が魚雷攻撃を受けた。昨日、日本はマレー半島に上陸し、昨晩は、日本軍は香港、グアム、フィリピン諸島、及びウェーク島を攻撃した。そして今朝は、日本はミッドウェー島を攻撃したのである。

日本は太平洋全域にわたって奇襲攻撃に打って出たのだ。米国民は安全性の重要性を十分に理解している。私は陸海軍の最高指揮官としてあらゆる手段を講じるよう命令を下した。私は、この計画的な侵略行為を克服する為にどんなに時間がかかろうとも、完全な勝利を勝ち取る所存である。

わが国民と国土、そしてわが国の権益が今や重大な危機に見舞われている。しかし、私たちは必ずや最終的な勝利を獲得するであろう。私は議会に対して宣戦布告を宣言するよう要請する』

（このルーズベルトによる宣戦布告要請演説の全文は、英文和文共に下記サイトで見ることが出来る。http://ameblo.jp/shinjiuchino/entry-10933130759.html）

■戦争賛成派の奇妙な沈黙（五十ページ）

［原文要約］

●ルーズベルトの重大犯罪行為

この不必要な戦争において悲劇的であったのは、（中略）日本政府及び日本国民は、戦争を望んでいなかったということである。これは、誠実であり、かつ高い知的能力を持っているキャリア外交官であった当時の駐日米国大使ジョセフ・グルーが一貫して報告していた通りであった。

米国民も、もちろん日本との戦争は望んでいなかった。しかし、過激な国際主義者たちは、いかなる人命と財産の損失を伴おうとも、そしてたとえ大多数の米国国民と合衆国議会の意思に反してでも、ほとんど単独に近い形で世界の警察官を務めることが、米国の明白な義務であり、使命である、と信じていた。

●ロバーツ調査委員会

日本の真珠湾攻撃によって被った被害の責任を取らされて、太平洋艦隊司令長官キンメル海軍大将とハワイ軍管区司令官ショート陸軍中将が職務怠慢を理由に降格の上、退役させられた。この処罰を正当化するためにルーズベルト大統領は直後の一二月一六日に大統領特命による調査委員会

（ロバーツ調査委員会）を発足させて、何故これ程大きい被害を受けたのかの調査に当たらせた。

委員長のロバーツは最高裁の判事であり熱心な戦争推進派であった。また、この調査委員会のメンバーは例の一一月二六日に日本に対し戦争を挑発する最後通牒を送りつける手助けをした者たちによって、特別に選択され、成立した委員会であった。同委員会が採用した証言は、同委員会任命にあたったルーズベルト、スティムソン、及びノックスが、米国国民を騙して戦争にまきこむことに自分たちが加担したのを隠そうとしていることを示しがちである。

同委員会が得た証言のうちのほとんどは、（後に行われた）陸軍、海軍、および種々の議会委員会によって否認されてきている。

●ハワイ司令部を無視した共同謀議

このロバーツ調査委員会とは別個に行われた陸軍及び海軍それぞれによる独自の調査及び報告書は、キンメル提督とショート将軍を職務怠慢の責めから免責し、かわりに一二月六日朝に戦争開始が必至であった事実を、キンメルとショートに伝えなかったことを理由に、ハル国務長官、マーシャル将軍およびスターク提督をはっきりと非難した。陸軍と海軍によるこれらの報告書は、しばらくの間スティムソン陸軍長官とノックス海軍長官により、公開が差し止められていたが、最終的には（極く近年になってからであるが）世論の圧力により公にされるに至った。

（中略）

なにゆえに彼らは、日本が最後通牒を拒否し、その結果すぐにでも真珠湾が日本により攻撃を受ける可能性が出てきたことを、キンメルとショートに伝えなかったのか？　ハワイ司令部への通知を遅らせ、実質的にはその通知を行うことを拒否したという事実は、その背後に、皆で申し合わせて沈黙を守るという企みがあったと考えなければ、説明がつかない。

［解説・コメント］

●大統領の犯罪行為

ルーズベルトとその一派は、日本国民も米国民も戦争を望んでいなかったにもかかわらず謀略を巡らして日米間の戦争を演出した。フィッシュは、これを重大な犯罪行為と呼んだ。たしかに日本を追い込んで大戦争を惹起せしめ、その結果、日米双方に多数の死者が出て、東京大空襲、原子爆弾などの人類の歴史に残る大惨事までもおこしたのだから、そう呼ばれるのは当然だ。

それにしても前項でも述べたが、当時のルーズベルト大統領の欺瞞と米国議会と国民の真意についての事情を全く知らずにいて、戦争を回避する手があったかもしれないのに、それをしなかった当時の日本政府には、直接的には無能な外務省の責任とはいえ、大きな責任がある。日本政府もルーズベルトと同じくらい重大な罪を犯したというべきだろう。

こうした大規模な「策謀による殺し合い」は素朴な原始社会では起こり得なかったことである。

こうしたことが可能になったのは、人間社会の高度に発達した仕組みとその複雑さの故であった。武器、航空機、船舶などの戦闘技術の発達と、大統領制という社会制度がそれである。しかし、何よりもそれを動かしている人間の品格や品性の問題が一番大きい。

日本人は国際社会においては、その相手を慮る品性と品格の故に不利ばかり被っている。米・中・韓の間の情報戦争においては連戦連敗が続いている。日本人の奥深いところにある品格や品性は失くしたくはないが、さりとて情報戦争に連戦連敗でもよいというわけにはゆかない。桜井よしこ氏が提案しているように、外務省とは別個に、情報インテリジェンスを専門に担当する部局を設置する必要があるのではないか。

フィッシュがいくら正義感に駆られたとはいえ、自国の大統領まで務めた人物をここまで重大犯罪者呼ばわりをして非難するのには、こうした品性と品格の問題に思いをいたしているからに違いない。換言すれば、筆者がフィッシュを高く評価するのはそうした行動や考えの基になっているフィッシュの品性と品格を評価しているからである。

ただし、フィッシュは一国平和主義の立場に立って、ルーズベルトとその一派が「世界の警察官を務めることが、米国の明白な義務であり使命である」と考えたことに批判的であるが、前述したように筆者は同意できない。筆者は、世界一の経済力と軍事力を持つ国家はそれだけで世界を平和に保つことに積極的に貢献する使命があると考えている。しかし同時に、従来のように米国流を一方的に押し付けるのが、そうした使命を果たすことには必ずしもならない、とも考えている。

それにこの場合、日本は断じて犯罪国家ではないのだから、警察力行使の対象になるわけがない。

●数多くの調査委員会設置

ワシントンから情報を貰えずに生贄にされたキンメル海軍大将は、真珠湾の損害の責任を取らされて少将に降格された後に退役している。キンメルは第一次世界大戦の折に当時海軍次官だったルーズベルトの副官を務めたほどの彼の親しい海軍軍人であった。

キンメルは、ルーズベルトの副官の後一九三七年に少将に昇進し、第七巡洋艦戦隊司令官を経て戦闘部隊巡洋艦群司令官となった。太平洋艦隊司令長官への昇格は大抜擢人事である。これは海軍大将の格の地位だったので、キンメルは飛びつきの大将昇格となった。昇格も降格も中将を飛び越したものになったわけだ。

前述の通り、真珠湾事件の調査のためにルーズベルト大統領が御手盛り人事で組織したロバーツ調査委員会の報告に問題があるということになり、議会がこの件の調査に乗り出すことになった。するとルーズベルト政権は、再びこの議会調査委員会にも容喙《ようかい》することに決めた。ロバーツ調査委員会が設置されたのはノックス海軍長官が真珠湾攻撃直後に行った調査報告に基づく。

一九四四（昭和一九）年に至って、職務怠慢の理由で退役させられたキンメル海軍大将とショート陸軍中将から、冤罪を晴らすために正式の軍法会議を開催して欲しいとの要求が起こった。しかし軍法会議を行うといわゆるマジック情報（日本海軍の動静情報）遮断の事実が暴露されてしまうのでルーズベルト大統領は軍に命令して開催させなかった。しかし、これをきっかけとして、次に述べるような十一回にも及ぶ調査委員会や査問委員会が二〇〇〇年迄の五十数年間にわたって延々と行われることになった。

①ノックス調査報告（The Knox Investigation）一九四一年一二月九―一四日

一二月七日の日本の真珠湾攻撃は、ルーズベルト大統領にとっても予想以上の大きな被害をもたらした。そこで、ルーズベルトはノックス海軍長官に命じては攻撃の数日後に被害の原因と現状を調査するためにハワイに緊急に出張して調査を行わせた。

数日間の短い期間ではあったが、ノックスはキンメルその他の関係当局者に対し辛辣な質問を行い、その後にマスコミの取材に対して「地上および海上部隊は警戒していなかった」と明言したことから、ワシントンのアメリカ上層部は責任追及を現地司令官に向ける方針であるのは明らかだった。

ノックスは、大統領に対して公表してもよい報告書[26]と秘密報告書[27]の二通を提出した。公表報告書の概要は次のようなものだった。すなわち、ハワイの陸軍当局も海軍当局もこの奇襲を全く予想していなかったので、日本側の戦果はこの奇襲に帰するに過ぎない。それにしても、日本の軍隊の計画の「几帳面な詳細」と「それを遂行する彼らの勇気、能力、資力」は敵ながら天晴であったと述べた。秘密報告書においてはノックスが面談した当事者達との

26）公表ノックス報告書：http://www.ibiblio.org/pha/pha/knox/knox_2.html
27）秘密ノックス報告書：http://www.ibiblio.org/pha/pha/knox/knox_sec.html

面談記録、及び更めて詳細な調査を行う必要があることを進言した。

②ロバーツ調査委員会（The Roberts Commission） 一九四一年一二月一八日―一九四二年一月二三日

ノックス調査報告に続いて、ルーズベルト大統領の特命により真珠湾攻撃から十日で緊急に五名の委員による調査委員会が組織された。委員は、最高裁オーエン・ロバーツ判事・委員長以下、退役海軍大将ウィリアム・スタッドレー、退役海軍少将ジョセフ・リーヴス、退役陸軍少将フランコ・マッコイ、及び陸軍准将ジョセフ・マクナーニーであった。委員会は、たった一カ月あまりの一月二三日に報告書を提出した。

報告書は、ルーズベルト大統領の意向通りにキンメル提督とショート将軍をスケープ・ゴートにしたてあげた。すなわち両司令官の判断に誤りがあったとし、「日本軍の攻撃は奇襲ではあったが、軍隊としてはそうした奇襲に対処すべき措置は予め用意されていた筈であったにもかかわらず、そうした措置は取られなかった」と指摘した。

この報告書は、ワシントン高官の責任を免除し、そのかわりにハワイにおける担当者レベルの下級将校と下士官の責任を追及したものである。

③ハート調査機関（The Hart Investigation） 一九四四年二月二二日―六月一五日

ハート調査機関とは、退役海軍大将トーマス・ハートが主宰する調査機関である。海軍省が二月一二日に独自に調査を依頼し、六月一五日に五百六十五ページの報告書を提出したが、内容は実質的にロバーツ委員会の調査を整理したものに過ぎず、新味はなかった。

④陸軍査問会議（The Army Pearl Harbor Board）一九四四年七月八日―一〇月二〇日

三名の調査委員（ジャージ・グラナート陸軍中将、ヘンリー・ラッセル陸軍少将、ウォルター・フランク陸軍少将）によって行われた。ワシントン側にも問題があったとして、責任はすべてハワイの当局側にあるとしたロバーツ報告書に真っ向から異を唱えるものであった。

当時の陸軍参謀総長マーシャル大将の行った措置について査問をおこない、次の四点について過誤があったとした。すなわち、第一にマーシャル大将が対日情勢の悪化について詳しい情報をハワイ当局に刻々と知らせていなかったこと、第二にハワイのショート司令官が一一月二七日付の「警戒強化」に回答してこなかったことは、ショートが陸軍省の警戒情報をショートが誤解をしていることが十分に推測できたにもかかわらず、陸軍省が適切な措置を執らなかったこと、第三に一二月六日の夕方と七日の早朝にマーシャルがショート司令官に重要情報（対日交渉決裂）を送らなかったこと、そして第四に、一二月七日までの間に臨戦態勢準備を指令しなかったこと、を指摘した。

更に陸軍戦争計画部長レオナード・ジロー准将にも暗号解読によって得られた日本軍の行動に関するいわゆる「マジック情報」をハワイに与えなかったなどの措置を執らなかったことは過失であったと指摘した。

しかし同時に、ハワイのショート司令官の方も、戦争準備態勢を迅速に行わなかったり、無能な参謀将校を更迭しないで置いたりして、職責を十分に完うしていなかったと指摘した。

⑤海軍査問会議（The Navy Court of Inquiry）一九四四年七月二四日―一〇月一九日

上述の陸軍査問会議とほぼ時を同じくして、七月二四日から十月一九日に退役海軍大将オーリン・マーフィン議長のもとに、退役海軍大将エドワード・カルプス、及び退役海軍中将アドルフス・アンドリュースの三名の調査委員によって行われた。これまでのロバーツ調査委員会をはじめとする幾つもの調査委員会の結論とは全く異なり、キンメル（元）太平洋艦隊司令長官には何の責任もないとした。

これは、一一月二七日から一二月七日の事態が緊迫の度合いが頂点に達したにもかかわらず、スターク海軍作戦部長が日本に関する情報をキンメルに知らせなかったこと、及び七日の日米国交断絶を示す電報の重要性にもかかわらずハワイに警告を送らなかったことの二点を重大視してスターク海軍作戦部長の責任を追及したことによる。これは多くの人を驚かせた。スタークに責任があるということは、スタークを指揮して命令を下すことができるルーズベルト大統領にも責任が及ぶのではないかと思われるからだ。

この海軍査問会議の結果、今までは責任追及が及ぶことがなかった陸軍のマーシャル参謀総長、ジロー戦争計画部長、及び海軍のスターク作戦部長の責任にも関心が寄せられることになった。しかし海軍長官ノックスは、ルーズベルト政権首脳が計画した「日本を挑発し先制攻撃をさせることによる、戦争開始の筋書き」を秘匿するため、事実上この海軍査問会議の判決を破棄してしまった。

結局、陸軍省と海軍省は戦争の最中であるとの理由により、陸海両査問会議中に提出された資料や証言について再調査を行うことにして最終的な結論を先送りにすることを決定した。もちろんルーズベルト大統領が事態を秘匿するように指示したに違いない。

⑥クラウゼン調査機関（The Clausen Investigation） 一九四四年一一月二三日―一九四五年九月一二日

前述の陸軍参謀総長マーシャル大将の指揮の過誤を追及して一〇月二〇日に終了した④の陸軍査問会議の後を受けて、陸軍省はこの陸軍査問会議の調査に不備がないかを確認することを目的として、直ちに一一月二三日にクラウゼン中佐に補足調査を行うことを命じた。クラウゼン中佐は翌一九四五年九月一二日に六百九十五ページに及ぶ報告書を提出した。しかし、新しい事実の発見はなかったので、陸軍査問会議の結果を追認するにとどまった。

⑦ヒューイット調査機関[28]**（The Hewitt Inquiry）** 一九四五年五月一四日―七月一一日

海軍省も、陸軍省と同様に海軍査問会議の結果を確認するために補足調査を行うこととし、海軍大将ケント・ヒューイットに補足調査をすることを命じた。ヒューイットは二カ月後の

28）ヒューイット調査機関：“PEARL HARBOR ATTACK　HEARINGS　BEFORE THE　JOINT COMMITTEE ON THE INVESTIGATION　OF THE PEARL HARBOR ATTACK”（http://www.ibiblio.org/pha/pha/invest.html）

七月一一日に報告書を提出したが、実に一千三百四十二ページもの大部に及んだ（なお、報告書中のいわゆる第七十五通信記録によれば、真珠湾攻撃の八〇分前に、アメリカの軍艦ウォードが警告なしに先に日本の潜水艦を攻撃して沈めていたことが報告されている）。

報告書は二つの重要な点を含んでいる。第一点は、一二月六日の日本の交渉打ち切り電報の傍受情報（在ワシントン日本大使館が米側に手交するのが遅れたもの）を、マーシャル参謀総長、ジロー戦争計画部長、及びマイルズ課報部長が見ていないと証言してきていたことを、「そんな筈はない」と否定する証言（課報部極東部長ブラットン大佐）を指摘したことである。ワシントン側の責任はゼロではないことを示唆するものだった。

第二点は、海軍の責任問題については、キンメルの責任は否定できないにしても、ワシントン側のスターク作戦部長にも大きな責任があることを指摘したことである。

⑧クラーク調査機関（The Clarke Investigation）一九四四年九月一四日―一六日、一九四五年七月一三日―八月四日

この調査は、陸軍参謀総長マーシャル大将の行動に不審を抱いた陸軍情報部長クレイトン・ビッセル大将が、真珠湾攻撃直前の機密情報の処理状況について調査するように一九四四年九月にカーター・クラーク大佐に命じたものである。

一九四五年八月四日に提出された報告書は二百二十五ページの簡潔なものだったが、結論としてはマーシャル大将が機密書類の破棄を命じたという証拠は見いだせなかった。

「マジック情報」をハワイ当局に送らなかった事情についての調査も行われたが、決定的な証拠は発見できなかった。

⑨上下両院合同調査委員会[29]（The Joint Congressional Committee）一九四五年一一月一五日―一九四六年五月三一日

この合同調査委員会は、約二百日にも及ぶ日数をかけて聴聞会を行い、三百三十一名からの証言を集め、一千万語以上の調査資料（スティムソン陸軍長官の日記を含む）を集めたという大規模な調査を行った。調査報告書は実に四十巻にのぼる膨大なものとなった。

委員は民主党六名、共和党四名であったが、結果としては民主党による現政権を擁護する姿勢が露骨に示される調査委員会となった。すなわち調査の課程で、ルーズベルトの謀略を秘匿しようとする民主党系委員と、これを暴露しようとする共和党系委員の間の激しい争いと駆け引きが生じたのである。

結局この合同調査委員会の調査中にも、暗号解読書類の破棄、証拠の隠滅工作、共和党よりの委員に対する左遷の暗示、脅迫による証言の撤回強制、記憶喪失事件、証人に対する脅迫による承認の出頭拒否等々の、数々の不祥事が生じた。

スターク海軍大将もマーシャル陸軍大将も口を揃えて、「マジック情報」をハワイに送らなかった理由は、米側が解読している事実を日本に悟られないようにするためと、当時傍受解読する量があまりに多かったのでそれを一々送っていたのではハワイ側を混乱させるだけ

29）上下両院合同調査委員会についての資料：：『日米検証・真珠湾』青木勉　著　光人社　一九九一年　百四十五ページに詳しい分析あり。

と思ったためである、と述べた。全く理由にならない言い訳に過ぎないが、これで永年にわたって疑義があった情報が、〝意識的に〟ハワイに送られていなかったという事実が明らかになった。

しかし結局はこの調査もルーズベルト謀略説については、これを否定するロバーツ調査委員会の調査と大同小異となったので、真実の解明とはほど遠いものとなった。それでも、議会合同調査委員会の結論では、〝ハワイの司令官達の過失は判断の誤りであって、職務怠慢という規則違反ではない〟というものに変更された。一応、真実に近づく一歩ではあった。

キンメルは、米上下両院合同調査委員会の席上で「もし、（他地域の指揮官と同様に）情報を与えられてさえいれば、（中略）私は太平洋艦隊を失うことはなかったろう」と証言した。それでも徹底的な事態究明は行われずに、うやむやにされてしまった。

なお、この上下両院合同調査委員会については、後の「〝最後通牒〟の隠蔽を画策」の項目でフィッシュによる追加コメントがあるので、参照されたい。

●キンメルとショートの名誉回復

⑩一九九九年・上院調査委員会

⑪二〇〇〇年・下院調査委員会

上述の数々の調査委員会や査問委員会から更に半世紀もの時間が経過した一九九九年五月二五

日、上院の調査委員会が更めて調査を行い、遂に事件の真相が明らかになった。キンメル提督とショート将軍の名誉回復の決議が上院で採択されたのである。ノックス調査から数えて実に十一回目である。ウィリアム・ロス・ジュニア上院議員は「彼らは最善を尽くしたが、政府によってスケープ・ゴートにされた」と指摘し、ストロム・サーモンド上院議員も「彼らはパールハーバーの最後の犠牲者だ」と主張した。

そして更に、翌二〇〇〇年一〇月一一日には下院の調査委員会も上院と同じ結論を得たので、同様に名誉回復の決議が採択された。残念ながらキンメルもショートも没後であった（キンメルは一九六八年に八十六歳で、ショートは一九四九年に六十九歳で、それぞれ死去）。

しかし時のビル・クリントン大統領（第四十二代。民主党。一九九三―二〇〇一）も、次のジョージ・ウォーカー・ブッシュ大統領（息子の方。第四十三代。共和党。二〇〇一―〇九）も等しく署名を拒否した。従って国家としての名誉回復は未だ完結していない。

おそらくクリントンもブッシュも世界の歴史の汚点の証拠となるような書類への署名を回避したかったものだろう。米国大統領としては当然かもしれない。

■「真珠湾の悲劇」の責任者たち（五十二ページ）

［原文要約］

私（フィッシュ）は数多くの書物や議会において行なわれた聴聞記録を読んだが、それらはすべて一貫して最後通牒（ハル・ノート）の存在を無視している。

最後通牒の責任はルーズベルトにあるのだから、真珠湾の悲劇の責任はルーズベルトに帰せられる。これは恥ずべき最後通牒のためのみならず、彼が最後通牒に対する日本の回答を確実にキンメルとショートに伝えることを怠ったからである。ショートとキンメルは汚名を着せられ首を切られたが、これはおそらく、ルーズベルトその戦争内閣の責任を免れさせるためであった。

ロバート・A・セオバルド海軍少将の綿密な考証に基づいた著作『パールハーバー最後の秘密』によれば、ルーズベルトが、真珠湾における米軍軍艦の位置を知らせる日本語の通信と、戦争を挑発した最後通牒に対する日本の最終回答の内容とを解読したものを、キンメル提督とショート将軍に伝え、彼らに警告するよう、スターク提督とマーシャル将軍に対し指令することを怠り、真珠湾を無防備の状態にしておくという秘密の計画を助けた、と主張している。

［解説・コメント］

●「ルーズベルトの陰謀」否定説に対する反論

真珠湾事件に関するルーズベルトの陰謀を証拠立てる研究には、このフィッシュの著書を含めて多くの研究者による報告があるが、多くの日本人は信じていない。終戦後GHQが展開したプロパガンダの影響から抜けきれないで、依然として日本は侵略戦争を仕掛けたので米国から正義の鉄槌を下されたのだというストーリーを信じ込んでいる。それが日本人の自虐史観の元となっている。

日本の真珠湾攻撃の真相についても、「はじめに」において述べた通り、多くの日本人がいまだに「ルーズベルトは本当に何も知らなかった、だから陰謀などはなかった」、という説を信じ込んでいる。その論拠は、「若しルーズベルトが日本軍の急襲を事前に知っていたならば、ハワイをあれほど無防備のままにしておく筈がない」というものだ。ルーズベルトがハワイを無防備のままに放っておいたのは事実であるから、この事実を証拠立てる書類や証言はいくらでもある。

しかし、その後の情報公開法の制定[30]によって新たに公開された関連資料から、当時のルーズベルト政権の閣僚、軍の最高司令官らが日本軍のハワイ攻撃を暗号解読から事前に知っていながら、ハワイの現地軍司令官にこれを意図的に連絡しなかった事実が明らかになった。

例えば、前述⑨上下両院合同調査委員会の報告書の中の、ある報告[31]によると、一九四一年一一月中にワシントンの高官たちが、ハワイの現地軍司令官であるキンメル提督とショート将軍に送った電報は、当時捕捉されていた情報とあまりにも矛盾する危機感が全くない言葉で述べられていた。ルーズベルト政権が鈍感で無邪気であったためとは到

30）情報公開法の制定：一九六六年リンドン・ジョンソン大統領が情報公開法に署名し、翌年から施行された。更に一九九六年にはビル・クリントン大統領が、この法案を改正する形の「電子文書情報公開法」に署名した。
31）議会合同調査委員会の報告書の中の報告 :Conclushion13,pp.38-40

底、考えられない。

この、セオバルドの『パールハーバー最後の秘密』は、真珠湾問題に関してルーズベルト大統領は本当に何も知らなかったという説に対する決定的な反論になるだろう。特にセオバルドの次の言葉[32]から、日本に攻撃を仕掛けさせる陰謀が存在していた事実が良く判る。「我が国の歴史上、数時間後に迫る攻撃の情報が遮断されたことなどなかった。（自らの部隊に危険を知らせない）スターク提督のような（卑劣な）行動をとった海軍高官はこれまでに一人としていなかった。スタークの行動そのものが真珠湾事件の本質を示している。解読され報告されていた日本の暗号は、キンメル提督の艦隊指揮にとって死活的な情報であった。しかしその情報はキンメルにもショートにも届いていない。ハワイには知らせるなという大統領命令があったことは疑いの余地がない」

■「ハワイへの警告」を行わなかった者の罪（五十五ページ）

［原文要約］

大統領は、ロバーツ調査委員会を任命してキンメルとショートの取り調べを行わせたが、自らの恥ずべき最後通牒については取り調べをさせなかった。ルーズベルトはその任に、共

32）セオバルドの証言：『ルーズベルトの開戦責任』ハミルトン・フィッシュ、渡邊惣樹・訳　草思社　二〇一四年　二四五ページ

和党員であるオーエン・ロバーツ最高裁判事（筆者注：原本では最高裁長官となっているが、正しくは判事。当時の長官はハーラン・F・ストーンだった）を任命することにより、同委員会の記録が自らの最後通牒を暴露することがないようにした。ロバーツは、スティムソンやノックスと同じぐらいの公言をはばからない戦争賛成派の闘士であり『ユニオン・ナウ』（筆者注：〝今こそ米国は一つになるべきだ〟との当時の国民運動）の主唱者であった。

彼（ロバーツ）は、スティムソンにより、この委員会の委員長に推薦された。ノックスとスティムソンは、同委員会の陸・海軍メンバーを推薦した。この結果、当然のことながら、悲劇的な戦争最後通牒のことはうやむやにされ、真珠湾の大惨事のすべての責任は、キンメル提督とショート将軍に帰されることとなったのである。

米国史上最も偉大な戦闘的提督であり、三名の太平洋艦隊上級司令官の一人として、真珠湾において キンメル提督の下で働いていたハルゼー提督は、『パールハーバーの最後の秘密』に対する序文の中で、次のように述べている。

「いわゆる、マジック・メッセージ（筆者注：米の「パープル暗号解読器」で解読した日本艦隊の動静についての情報）に明らかなように、日本が、真珠湾における米国軍艦の位置と動向を、些細なものまで逐一捕捉しようとしていたことを知っていたなら、論理的に言って、当然われわれは、ほとんど確実に真珠湾攻撃が行われるであろうとの想定で、それに向けて態勢を整えることに専心していたであろう（このマジック・メッセージは、キンメル提督にはついに届けられなかった）。……もしも、〝マジック・メッセージ〟を知らされていたなら、間違いなくわれわれは、全海域にわたる捜索を指令していたであろうし、これはすべての資材と人員の続く限り行われていたであろう。

〜米国海軍艦隊提督　ウィリアム・F・ハルゼー
（一九五三年九月フィッシャーズ島にて）」

米国における、最も偉大な戦争における英雄の一人であるハルゼーによるこの証言は、最後通牒が送られた後に、キンメル提督とショート将軍が何らの警告も受けなかったこと、およびより重要なことには、彼らは、日本がその最後通牒を拒否したことを知らされなかったことを明らかにしている。

キンメル提督は、『パールハーバー最後の秘密』に言及して、種々の調査を行った結果、次のような結論を下すしかない、と述べている。

「真珠湾においてわれわれは、臨戦体制を整えていなかったが、これは、ハワイ艦隊に対してはいかなる警告も行なわないという、ルーズベルト大統領による計画の結果である」

キンメルは、

「真珠湾におけるわれわれの軍に対し警告を与えることを意識的に避けた、政権中枢部にあった者たちの罪は、決して許されるべきではない」と強調している。その後、キンメルは、ルーズベルトがその責任を負っているとして、彼を非難した。

ルーズベルト大統領は、明らかに、日本が攻撃を行うことを妨げるようなことは何も行うつもりがなかった。なぜなら、もしも米軍が警告を受け、それに対する準備を整えていることを日本側が知れば、真珠湾攻撃は中止されていたであろうからである。

永年の傑出した米軍司令官であったキンメルとショートは、当然軍事法廷の裁判を受ける権利があった。しかし、この権利はずっと認められなかった。時の政権は、公平な軍事裁判を行えば、キンメル、ショート両人とも、証人を召喚し、その尋問を行うこととなり、最後通牒に関するすべての事実が明るみに出る可能性があることを熟知していたのである。

一九四四年六月五日、私（フィッシュ）は下院において、ルーズベルト政権は、米国国民にすべての真実を語ることを避けるために、そしてより重要なことには、真珠湾における惨事に本当の責任を負っている者を決定するというこの重要事を、すでに必要以上に遅らせ、かつ空回りさせてきた、と述べた。

［解説・コメント］

この項目は、すでに述べた真珠湾の真相究明についてのものであり重複が多いが、周辺事情についての重要な内容を含んでいる。

一九五三年にフィッシャーズ島で、この批判文を書いたウィリアム・F・ハルゼー米国海軍艦隊提督は、真珠湾が攻撃を受けた時点では日本艦隊の攻撃に対する警戒指令を受けて出撃中であった。すなわち海軍省の命を受けて空母エンタープライズと護衛部隊の巡洋艦三隻、駆逐艦九隻は「演習」のためにミッドウェー島方面に出航していたので真珠湾にはおらず図らずも（?）難を免れた形になった。この西方への進撃は実はハワイ西方海上で日本軍を迎撃するための作戦であったようだが、まだ正式には開戦していないわけだから「演習」以外には名目のつけようがない。

批判文を書いたウィリアム・F・ハルゼーは、もともとルーズベルトには大変好意的で主戦派の一人であった。日本には、あまり好感を持っていないようで、沖縄上陸作戦にも司令官として参加している。こうした批判文を書いたのは意外であった。日米戦争で華々しい勝利を収めてはみたものの、開戦の事情に軍人らしい疑いを持ったものと思われる。

〝最後通牒〟の隠蔽を画策（六十ページ）

[原文要約]

前述の通り、**ロバーツ報告は、あまりにも偏った見方をしたものであったため、世論は、新たな調査を要求した。そして、以下のメンバーからなる上下両院合同調査委員会が設置された**（筆者注：ここは、前掲の「数多くの調査委員会設置」の項目で触れた「⑨上下両院合同調査委員会」についての追加コメントである）。

●上院議員＝バークレー、ジョージ、ルーカス（以上民主党）、ブリュースター、ファーガソン（以上共和党）。

●下院議員＝クーパー、クラーク、マーフィー（以上民主党）、ゲルハルト、キーフ（以上共和党）。

同委員会メンバーである三名の民主党上院議員のうち、バークレー（ケンタッキー州）およびルーカス（イリノイ州）の二名は、副大統領候補であった。ルーズベルトは、民主党党首であるだけでなく、大統領候補指名の権限を持つ民主党の全国組織をもコントロールしていたのである。

（中略）

委員会メンバーの過半数を民主党員でかためたのは、何が起ころうとも事実を覆い隠そうというルーズベルトの意図の表れであった。

当然のことながら、陸軍問題委員会委員長であったロバート・レイノルズ上院議員や、海軍問題委員会委員長のデービッド・ウォルシュ上院議員の名は、委員会メンバーの中になかった。この両名は、公言をはばからない非介入主義者であり、委員会に参加させれば、公平な調査を行い、ありのままに事実を認めてしまうおそれがあったのである。

委員会の四人の民主党議員のうち、三人は南部出身者であり、戦争であると平和であるとにかかわらず、ルーズベルトの熱心な信奉者であった。残る一人の民主党メンバーは、北部出身であったが、彼は大統領または副大統領候補となることを目ざしている野心的政治家であり、当然のことながらルーズベルトの線に従っていた。しかしながら、この議会合同調査委員会は、キンメルとショートに職務怠慢の責を問うたロバーツ調査委員会の判断を否認したという点では公平であった。

結局、真珠湾の悲劇の原因は、司令官の「職務怠慢」ではなくて「判断違い」による失敗ということに変更されたのである。

ルーズベルトおかかえのロバーツ調査委員会が、この軍人連に科した怠慢という汚名は、この程度までは、そそがれたのである。委員会メンバーである共和党下院議員二名のうちの一人は、別途報告書を作成したが、彼らは両名とも次の選挙で落選することとなった。

戦争賛成の介入主義者である民主党議員の委員会メンバーは、ルーズベルトおよび彼の戦争内閣構成員を擁護するために、あらゆる手をつくした。ハワイにおける大惨事の原因を解く本当の鍵である恥ずべき最後通牒のことは、かくして覆い隠されてしまったのである。

この議会調査委員会のメンバーであったブリュースター（メイン州）およびファーガソン両上院議員は、真珠湾の悲劇の責任を、ルーズベルト、スティムソン、ノックス、マーシャルおよびスタークに正面から問うた、少数意見書に署名した。しかし、キンメル提督による軍事法廷開催要求は、議会による支持決議を受けていたにもかかわらず、ルーズベルト政権によって棚上げにされた。

（中略）

私（フィッシュ）はショート将軍の下で働いた経験があるので判るのだが、彼も自由かつ公開の裁判を望んでいる筈だ。しかし現政権が交代するまではこの軍事法廷は開かれないだろう。軍事法廷が開催されたとして、そこにリチャードソンが証人として喚問されれば、真珠湾に米軍軍艦を駐留させれば攻撃の恰好の標的になってしまうとの理由で反対していたことが衆人の知ることとなったであろう。

（中略）

リチャードソン提督は、太平洋艦隊総司令官であったが、真珠湾に艦隊を駐留させせよ、とのルーズベルト大統領の指令に抵抗したため更迭され、キンメル提督がその後任となった。もしもリチャードソン提督が軍事法廷に姿をみせるようなことになり、証人としての義務に従ってすべての事実を述べるとすれば、米国国民は、その内容に驚き、かつ衝撃を受けるであろう。米国国民は、この種の情報を求めており、また彼にはそれを享受する権利がある。しかし、おそらくそのような情報を彼らが得ることは決してないだろう。

［解説・コメント］

●ルーズベルトの大統領四選と恣意的人事

この項では真珠湾攻撃の後で設置された、公平無私であるべき多くの調査委員会についてもルーズベルトが容喙した事実が語られている。

ルーズベルト大統領は、米国の憲政史の中で先例のない四選を果たした大統領で、一九三三年から四五年までの十二年の長きにわたってその地位にあった。この頃、連邦最高裁判所では高齢な判事の退職や死去が続いた。ルーズベルトは彼らの後任として、彼自身に親しい側近、意見の近い学者、閣僚、民主党の上院議員などを次々と臆面もなく任命した。真珠湾事件の調査委員会のメンバーにも、こうした色のついた者が次々に任命された所以である。

われわれのセンスでは、普通の神経を持っていれば組織のトップに就任した場合には自らの公平性や私利私欲のない姿勢を強調したいというモーメントが、多かれ少なかれ働くものだ。そのために近い関係にあるものを引き上げるには、むしろ抵抗感を持つものである。

しかし韓国では、近親者を大切にすることがあらゆる徳の中でかなりの上位を占めているので、大統領が変わると新大統領は、恥ずかしげもなく周囲の重要ポジションを親戚でかためてしまう。社会もそれを当然のこととして容認しているので、特に批判は無い。ところが、こうして引き上げられた近親者達は、見識や実力、指導力が特に傑出しているわけではないので、とかく汚職をしたり失敗をしたりすることが多い。韓国の歴史では、それが新大統領の足を引っ張った例が非常に多い。これが何年も何年も繰りかえされている。

ルーズベルトの恣意的な依怙贔屓人事が多発しているところを見ると、ルーズベルトはこうした意味での韓国型の大統領だったのかと、つい思ってしまう。

■大統領が日米戦を考えたとき（六十四ページ）

［原文引用］

ルーズベルト大統領は、一九四〇年一〇月八日に、当時ハワイ基地における太平洋艦隊の司令官であったリチャードソン提督に対し、遅かれ早かれ日本は間違いを犯し、米国は日本との戦争に入ることになろう、と述べている。

このことからみて、ルーズベルトは、明らかにこの時点で、すでに日本との間で戦争を起こすことを考えていた。これは、真珠湾攻撃から遡ること一年二カ月も前のことであった。

一九四一年八月、大西洋会議の席上、ルーズベルト大統領は、チャーチル首相との間で、極東におけるイギリスの権益を擁護するという合意につき協議したが、この議事録は、いまだに米国国民に公表されていない。しかし、一九四二年一月二七日にチャーチルが英国議会で行った発言は、この合意の存在を実証している。

「米国は、自国自身が攻撃を受けずとも、極東における戦争に参戦し、もって勝利を確実なものとする、という、――大西洋会議でルーズベルト大統領と協議した――可能性が存在することで、われわれの心配は、いくらか緩和されているように思われる」

スティムソン長官は、何としても米国の戦争参入を実現することに躍起となっており、そのため、議会と憲法に挑戦する形で、戦争遂行のあらゆる権限を大統領が持っているという解釈を捏造した。彼は、大統領が設定した条件を外国政府が受け入れず、これに従わない場合は、議会による宣戦布告なしに大統領自身が、戦争開始を指令しうる、ということを大統領から外国政府に伝える権限を持っている、と主張した。彼の見解は、ひいき目に見ても法的曲解としか言えない。この主張は、議会と憲法を全く無視していた。

議会は、憲法によって、国の防衛力を整備する権限を与えられており、宣戦布告の権限を有する唯一の機関とされている。憲法は、大統領が、秘密裡に米国国民を戦争にまきこむために、いかなる口実を作ることもできる、とは言っていない。

陸軍と海軍の調査委員会がそれぞれ作成した報告書は、米国陸・海軍の司令官たちが、すぐれた資質を持ち、高潔かつ誇り高き人間であることを示す、生きた証言である。陸軍長官および海軍長官といった上司に対し直接反抗した形で真実を述べ、かつ時の政権内の人間の責任を問うたことにより、自らの地位が危険にさらされているということを、この両調査委員会メンバーは、一人残らず承知していた。

私が、その調査の大部分における証言、特にその証言部分を読み、かつ研究してみて感銘を受けたのは、当時ハワイに駐留し、状況に肌で接していた海軍司令官たち自身が、キンメル提督への支持と、ワシントンにおける彼らの上官であるマーシャル将軍およびスターク提督に対する非難の急先鋒となっている、ということである。

セオバルド提督の『パールハーバー最後の秘密』に寄せた序文の中で、ハルゼー提督は、フェアプレイを信じる全米国人は、この本を読むべきである、と述べている。

このセオバルド提督の著作における命題は、太平洋艦隊が救いがたい状況にあり、ハワイ基地における戦闘準備が整っていなかったことの責任は、キンメル提督やショート将軍ではなく、ひとえにルーズベルト一人が負っていた、というものである。セオバルト提督は、その運命の日に、真珠湾にいた。また彼は、他のほとんどの海軍司令官と同様に、非の打ちどころのない性格を持った高潔の士である。

ハルゼー提督もまた、その序文の中で、歯に衣を着せることなく、次のように述べている。

「われわれは、悲しいかな、十分な数の長距離偵察機を持っていなかった。唯一、使用可能であった軍用機は、すべてB—一八であった。これらのB—一八は、飛行速度が遅いとともに、航続距離が短く、海上の偵察活動には向いていなかった」

［解説・コメント］

●米大統領の戦争開始に関する権限[33]

33）米大統領の戦争開始に関する権限（この項についての参考資料）：『アメリカ政治の基礎知識』ロナルド・A・モース　麗澤大学出版会　一九九九年　一二二〜一三六ページ、『アメリカ戦争権限法の改革提案』広瀬淳子（海外立法情報調査室）

フィッシュは、ルーズベルト大統領が議会を無視したことを非難するあまり、当時の憲法における大統領の役割と権限について、若干、オーバーランをしている気味がある。フィッシュは、「スティムソン長官は、何としても米国の戦争参入を実現することに躍起となっており、（中略）議会による宣戦布告なしに大統領自身が、戦争開始を指令しうる、ということを大統領から外国政府に伝える権限を持っている、と主張した。彼の見解は、ひいき目に見ても法的曲解としか言えない」といっている。政治倫理の面からは正しい面もあるが、厳密な法律的解釈の面からは、〝法的曲解〟とまでいうのは言い過ぎだ。

合衆国憲法の第一条八節十一項には、たしかに議会に〝宣戦布告の権限〟があると書いてある。憲法条文の起草委員会の最初の案では議会が〝戦争を行う（make war）〟となっていたのだが、頻繁に集まるわけでもない連邦議会が実際に戦争を行う権限をもつのは実際的でないとの意見があって、〝戦争を宣する（declare war）〟と変えられたものだ。

一方、憲法第二条二節一項には、大統領が陸海軍の〝最高指揮官（Commander in Chief）〟であると定めている。従って議会が宣戦布告をして大統領が戦争を指揮するというのが、憲法の字面が定めた規定である。

しかし、憲法では大統領は、国家元首、行政首長、軍の最高司令官、外交責任者、および立法指導者（法案成立に与える影響から見て）としての役割を併せ持っており、強大な権限と責任を持っているのだ。

ルーズベルトを擁護するわけではないが、外交責任者及び軍の最高指揮官としての大統領の役割と権限から判断すれば、本格的戦争とまではいえない〝事変〟的な動きに大統領が軍事介入を決断するのまで、〝明白な憲法違反〟とまではいえない。戦争権限については法律的には〝連邦議会と大統領が、局面別に権限を共有している〟というべきだろう。

連邦議会は、戦争を宣言すること、軍隊を徴募しこれに財政的措置を講ずること、などの権限を有し、大統領は軍の総指揮官としてのあらゆる権限を有している。しかし、この日米戦争にかぎらず、朝鮮戦争、ベトナム戦争、アフガニスタン・イラク戦争などはいずれも、事実問題として議会の戦争の宣言を経ないで、大統領の決定により戦争が開始されている。いずれも議会の審議を経ていない〝軍事介入〟が長期化したものだ。こうした問題点から制定されたのが次項に述べる「戦争権限法」だ。

●戦争権限法

ルーズベルトが画策した日米開戦や、ケネディが派兵拡大をしたベトナム戦争への反省から、米国では一九七三年に、宣戦布告に関する大統領権限を制限する「戦争権限法（War Power Resolution of 1973）」（戦争制限法ともいう）が制定された。

ニクソン大統領が反対して拒否権を発動したにもかかわらず、これを議会の再可決（Override）で乗り切って成立した法律である（最高裁には違憲の上告が数多く出されているが、同時に修正案も数多く出されている。論点が余りにも複雑、かつ多岐にわたっているので最終的な結論はまだ出ていない)。

ルーズベルトが議会の承認を得ずに実質的な宣戦布告(ハル・ノート)を行ったという行為は、戦争権限法が成立する以前のことであるから、たとえ政治倫理的な問題は大有りであったにせよ、必ずしも〝明白な憲法違犯〟とまではいえなかったのだ。

戦争権限法は、大統領が敵対行為(Hostilities)が存在する情況下に米軍を投入する前に、連邦議会と協議すること、及び軍の投入後も定期的に協議しなくてはならないこと、を新たに定めている。

しかし、大統領は、たとえ議会による戦争宣言の承認がない場合でも、若し敵対行為等があれば米軍を投入(戦闘開始を意味する)することができる。ただしその場合には四十八時間以内に議会(下院議長と上院議長代行)に、投入が必要な理由等を記載した報告書を提出しなくてはならないことになっている。

報告書が提出された場合には、①連邦議会が戦争宣言をしないか、②制定法により米軍の投入を授権しないか、③あるいは投入期間を立法により延長しない、などの場合などには大統領は六十日以内(特に必要がある場合には九十日以内)に米軍の投入を中止しなくてはならない。

この規定にかかわらず、戦争宣言又は制定法による授権なしに米軍が戦闘行為に従事していて連邦議会が撤退の両院一致決議(Concurrent Resolution)を可決させた場合は、大統領は米軍を〝即時に〟撤退させなくてはならない。

この戦争権限法の制定以来、米軍の海外への派兵に対して、連邦議会がどのように関与すべきか、戦争権限法の合憲性や、有効性等を巡って、いまだに法的論争が継続している。一応は、宣戦布告の権限は議会にあるとされており、議会の承認なしに正式な戦争はできないことになっている。しかし、軍事介入は厳密には正式な戦争ではないので、軍の最高指揮官である大統領の一存で決断できてしまう。

たとえ軍事介入といえども大統領権限で実施してよいのかについては、引き続き論争の的となっている。問題は、フィッシュがルーズベルトを非難しているほど単純ではないのだ。実は次項に述べるシリア問題の時でも、オバマ大統領が軍事介入を逡巡したのは、次項に述べるように、この問題に関係があるのだ。

核戦争の脅威に対する米国の対処方針は、迅速な対応を重要視するので議会における審議に必ずしも重きを置いていない。現在のように核兵器が世界に拡散しつつある状況下で核戦争が起こった、あるいは起こりそうになった時に、米国も迅速な手をうつことが出来るようにする必要性が生じた。そこで、米大統領の身辺には通称〝核のフットボール〟と言う名前で知られている約二十キロもの重量がある黒いブリーフケースを持った人物（軍事顧問）が必ず付き添うことになっている。

ブリーフケースの中には、大統領が司令部を離れたときでも大統領が核攻撃に許可を出せるボタンのスイッチが入っている。最高指揮官である大統領が核兵器の使用を自分で決断したことを証するパスワードその他の手続きが迅速に行われるシステムが備えてある。

大統領がボタンを押すと統合参謀本部に指令信号、あるいは「警告」のアラームが送られる。大統領は顧問と攻撃についてとりうる選択肢を協議し、単発の巡航ミサイル射撃から大陸間弾道ミサイルの連射まで幅広い手段のなかから攻撃案を決定する。大統領だけが核兵器の発射を命ずることができるのだが、その命令は国防長官の確認を受けなければならない。

●米大統領の軍事介入権限（オバマとシリア問題）

シリアにおいてアサド政権が住民を虐殺していることが国際社会で表面化した時に、ヒラリー国務長官（当時）はオバマ大統領に詰め寄って即時軍事介入をするように提言した。これに対し、オバマは「若し非通常兵器が使われた時には介入するが、今は介入しない」と答えた。シリア政府は二〇一三年八月二一日に至り、化学兵器（サリン）を使用して、四百人以上の子供を含む一千四百人以上を殺害した。米軍は非通常兵器が使用されたので必要な展開を行って、即時に軍事介入ができるように準備を行った。

ところがオバマ大統領は前言にもかかわらず軍事介入を逡巡して、先ず議会の意向を打診したいと言い始めたのである。オバマ大統領周辺の補佐官らは驚いた。それまで彼等は、大統領がシリアへの軍事攻撃について議会の承認を求めることは憲法上の必要はなく、大統領には軍事行動の開始を命じる法的な権利があるとマスコミに説明をしていたからだ。軍もやむなく展開を取り消した。

実は、それ以前に百八十人を超える議員がシリアへの攻撃について議会の事前承認を求めるよう大統領に要請する書簡に署名して圧力をかけていたのである。しかし議会へわざわざ事前承認を求める必要はないという、オバマ批判もあった。ピーター・キング下院議員（共和党、ニューヨーク州）は「オバマ大統領は最高司令官としての責任を放棄し、未来の大統領の権限を傷つけている。大統領は自身のレッドライン（越えてはならない一線）を強化するのに五百三十五人の議員（過半数）は必要ない」と述べた程だ。

国連の安全保障常任理事会は、アサド政権を支持するロシアが何かというと直ぐに拒否権を発動するから何の手も打てない。米国議会は案の定、軍事介入に反対したのでオバマは諮問をした建て前から窮地に陥ってしまった。結局、ロシアのプーチンが化学兵器を国際機関に引き渡して、その管理を任せるという妥協案をだして、オバマもそれに飛びついた形になった。

以後の中東における米国のプレゼンスが著しく後退し、かわりにロシアが台頭してきた経緯には、この七十五年前のルーズベルトの議会軽視の後遺症と言えないこともない。ただし若干、「風が吹けば桶屋が儲かる」の気味がなきにしもあらずだが……。

■〝スケープ・ゴート日本〟の悲劇（六十七ページ）

［原文引用］

ルーズベルトは、全米向けの演説の中で、次のように述べた。

「私は、ドイツ潜水艦が、何らの警告なしに、撃沈の意図を持って、米国の駆逐艦に対して先制攻撃をかけた、というまぎれもない事実を、皆様に報告する」

ウォルシュ上院議員（マサチューセッツ州）を議長とする上院海軍問題委員会は、スターク提督を尋問した結果、このルーズベルトの発言が全く誤っていることを明らかにした。

米軍駆逐艦「グリヤー」は、そのドイツ潜水艦を三時間にわたって追跡し、その位置をイギリス軍機に連絡していた。そして最終的にはイギリス軍機が、ドイツ潜水艦に対し、水中爆雷による攻撃を行なった。潜水艦は、イギリス軍機が給油のためにその場を離れ、「グリヤー」単独で引続き活発な潜水艦探査を行っていた時になって、初めて反撃にうったえたのである。

この駆逐艦「グリヤー」が攻撃を受けた時点で、ルーズベルトは、「先制攻撃」の指令を出した。この海軍問題委員会による報告書は、相当後になるまで公表されなかった。「軍艦カーニー」が攻撃を受けたとの疑いも、これと同様に、米国国民を欺く形で提示されたのである。

実際は、「カーニー」が、ドイツ潜水艦に対し水中爆雷を投下し、これに対し潜水艦が反撃した、というのが事実である。これらのことは、ルーズベルトが、事実を偽った形で知らせて、それによって、米国国民の間にドイツに対する感情的な憎しみの炎をかきたてようとしていたことの例示であるにすぎない。これらすべての行動は、欺瞞で貫かれたルーズベルトのキャンペーンの一環であった。

（中略）

真珠湾攻撃の二カ月前に、ルーズベルトは、ドイツ戦艦および潜水艦は、見つけ次第にこれを攻撃すべし、との指令を出した。しかし、一方ヒットラーは、ドイツ海軍に対し、米軍軍艦への攻撃は避け、自衛に徹するよう命令していた。このヒットラーの命令により、ドイツを挑発しようとするルーズベルトの企みはくずれ去った。その結果として、日本がスケープ・ゴートにされ、戦争開始のための標的となったのである。

当時、海軍作戦本部長であったスターク提督は、真珠湾における大惨事の調査にあたった議会合同委員会での質問に答えて、次のように述べた。

「技術的に言えば、もしくは国際的観点に立てば、われわれは、交戦国としての権利を有していなかったという意味では、戦争状態にはなかった。なぜなら、宣戦布告はいまだ発せられていなかったからである。しかし、実際は、特定の地域（ヨーロッパ地域）でキング提督の下で行動していた米国海軍に関するかぎりは、その行動は、同地域内にはいったすべてのドイツ軍艦に対抗して行なわれた」

スターク提督による証言と、日本に対する恥ずべき最後通牒の送付をあわせ見れば、ルーズベルトが米国を戦争にまきこもうとしていたのは、ほとんど疑いをいれない事実であると考えられる。そしてルーズベルトは、ついにこれに成功したのであった。

（後略）

●米国の民主主義の伝統に反する行為

これらの事実によりルーズベルトの所業は、非米国的で憲法に違反したものであることが明らかである。それでもルーズベルトの信奉者たちは、もし結果が良ければそうした道筋は全て正当化されるという論法を用いるかもしれない。しかしそれは、**われわれの民主的な制度、代表制と憲法に基づく政治体制の全てを頭から否定するのと同じである。**

これは「人民の、人民による、人民のための政治」というリンカーンの原則に反している。結果が良ければ全て良し、というものではない。

ルーズベルトが行った秘密外交は、議会を無視し、ほとんど独裁制に近い状況を現出させた。これは、一人の人間が宣戦布告できるという神授的王権を全面的に否認した独立宣言の内容を、否定したものであった。

［解説・コメント］

●ドイツ潜水艦攻撃は重大な戦争犯罪

意外なことにフィッシュ自身はあまり意識していないようだが、ここには極めて重大なことが書かれている。当時の米国のおごり高ぶった姿勢を雄弁に示している。国のトップである大統領の指示により、米軍は交戦中でもない第三国の船舶に対して突然攻撃をしかけたのである。背後にどんな事情があろうとも、これはいわゆる「海賊行為」であり、国際刑事犯罪である。

ルーズベルト大統領は、国際法に違反して理不尽にもドイツ潜水艦を見つけ次第に攻撃せよと予め命令していた。米駆逐艦〝グリヤー号〟はドイツ潜水艦を発見したので、これを三時間にわたって追跡した。〝グリヤー号〟からの位置情報によって飛来した英軍機が水中爆雷による攻撃を行った。潜水艦は、航空機が給油のために飛び去った後に、初めて自衛のための反撃に出たのである。

後日、ルーズベルトは全米向けの演説の中で「ドイツ潜水艦が米国の駆逐艦に攻撃をしかけてきた」という真っ赤な偽りを言ってのけた。このあまりにも明々白々な嘘はすぐにばれてしまうのだが、こういう嘘を何のためらいもなく言ってのけることができるのは、ルーズベルトの品性の問題を通り越して、もはや病的としかいいようがない。

フィッシュにしても、ルーズベルトがドイツ潜水艦に対する攻撃については議会と米国民に対して虚偽の報告を行ったことのみを問題にしており、これを国際法上の重大な犯罪行為であることについては言及していない。

更にフィッシュは、「ヒットラーが事前に『喧嘩を売られても買ってはいけない』と部下に厳命していたことにより、ドイツを挑発しようとする企みがもろくもくずれ去った。その結果として、日本がスケープ・ゴートとされて戦争開始のための標的となったのである」と述べて、若しドイツが挑発に乗って米国と戦火を交えていたら、日本との戦争はなかったかもしれないと示唆しているが、筆者は不賛成である。

米国の主たる目論見は、たしかにドイツとの戦争に緊急に参戦することであって、アジアにおける戦争は優先度が低かったというのは間違いない。しかし、若しここでドイツと戦いが始まっていれば、日本とは戦争をしないで済んだかもしれないというのはルーズベルトの侵略体質及びそれまでの積み重なる行動からいって誤りだろう。

前に述べた通り、一九三七年の時点でルーズベルト大統領はシェンノートを指揮官とする航空機部隊をシナの蒋介石の軍隊に派遣して、実質的に日本とは戦闘状態にはいっていたのだ。その他にも米国の対日敵視の具体例は数多い。多分、欧州における戦争が一段落した段階で、次には日本を餌食にしたであろうと考える方が自然だ（第一章「いかにして米国は戦争にまきこまれたか」の「米国の対日開戦は一九三七年」の項を参照）。

●米国の民主主義の伝統に反する行為

それでも米国にはルーズベルトを擁護する歴史家が多い。例えば、スタンフォード大学のトーマス・ベイリー教授は、「大衆はひどく近視眼的であり、危機を見通すことができないので、政治家は大衆を騙してでも自らの長期的利益に気付くように仕向けなければならない。これがルーズベルト大統領のやらなければならなかったことである」と述べて、「後世が大統領に感謝しないなどといえようか。（中略）ハワイで沈められた軍艦など、米国人を一致団結させる代償としては不必要であったにしても安いものであった」とまで言っている[34]。

なんという傲慢さであろうか。大東亜戦争における日本人の三百万人以上にのぼる犠牲者（死亡者数は軍人が約二百三十万人、一般人が八十万人）の生命は帰ってこないのだ。

■日本を真珠湾に向かわせたもの（七十ページ）

［原文要約］

私（フィッシュ）はロバート・A・セオバルド少将による『パールハーバー最後の秘密』を読むことをお勧めする。米国側の行動について同書の記述を以下に抜粋する。

「一九四〇年一〇月にルーズベルトがリチャードソン提督と交わした会話から判断すると、彼は〝何か突拍子もないことでも発生しない限り、議会による宣戦布告をとりつけるのは不可能である〟ことを十分に理解していた。

しかし一九四一年後半における現実は、既に宣戦布告なき戦争に突入しているのと変わりない状況であった。ただしドイツは米国と表立って戦争状態に入るつもりは全くなかった。五月二九日にはフィリピンからの対日輸出が停止された。七月二五日には在米日本資産の凍結と、米国、英国、およびオランダによる対日輸出停止が発表された。一一月二六日にはハル国務長官は戦争を挑発した最後通牒（ハル・ノート）を野村大使に手渡した。

34）『日米戦争、ルーズベルト責任論と“歴史修正主義”非難の起源』福井義高　雑誌「正論」二〇一五年二月号　百三十一ページ

しかし議会と米国民がその事を知らされたのは真珠湾攻撃が行われた後のことであった（筆者注：従って日本軍の真珠湾攻撃は、米国からの最後通牒の結果であることは誰にも判らなかった）。日清戦争および日露戦争を通じて日本はまず最初に対戦国の主力艦隊に対する奇襲攻撃を行ってきたということは、日本の軍事史を知る者にとっては、常識であった。従って、ハワイに艦隊を引き続き駐留させたのは、日本の奇襲攻撃を誘い出すという目的のために行われたとしか考えられなかった。

そして、そのためにはハワイ司令部に対し、〝マジック〟（日本艦隊の行動情報）を全く知らせないことが不可欠であった。こうしたことは記録にみるかぎりでは、史上最初の事であった（筆者注：大統領からの直接の命令でもない限り）。スターク提督がしたようなことを自らの意思で行うような海軍軍人はいない。

この推論は、真珠湾攻撃以前の自分の行動は、全て上からの指令によるものであった、とする、スターク提督が一九四五年八月にプレスに対して行なった発言により、完璧に裏付けられている。この〝上から〟とはルーズベルト大統領を意味するに他ならない」

更にデューウィー・ショート議員（ミズーリ州選出の共和党）が、真珠湾攻撃の三年後の一九四四年一一月二八日に下院で行った演説も参考になると思うのでその趣旨を下記に記す。

「（前略）土深くうずめられた真実も、いつかは再びその姿を現わす。米国国民はいまだに真珠湾の真実を知らされていない。国民は、真実を知ることを望んでおり、（中略）真実を知る権利を有している。（中略）しかし、私が、この問題について経験した絶望的なまでに困難で、苦しい作業にかんがみ、それがいつのこととなるかはあえて予言しない。（中略）いつの日か、われわれは、この米国軍隊史上始まって以来の、最も痛ましくかつ恥ずべき敗戦における、すべてのいきさつと真実を知ることとなろう。

（中略）

われわれは、この米国史上最も悲惨な歴史の一章に関する責任を問うことは、将来の歴史家の手に委ねねばならないのかもしれない。しかし、そうであってもわれわれは、現在の自らの責務を果たすべく、少なくとも努力だけはすべき義務を負っている。われわれは、米国がドレフュス事件[35]のような不幸な出来事の二の舞を演じることがないように、あらゆる努力を行なうべきである」

［解説・コメント］

ここでフィッシュは、セオバルド少将の著書『パールハーバー最後の秘密』を推薦している。同書については、第二章「パールハーバー

35）ドレフュス事件：一八九四年にフランスで起きた国際的に有名な大規模な冤罪事件。当時、フランス陸軍参謀本部勤務だったユダヤ人のアルフレド・ドレフュス大尉がスパイ容疑で逮捕された。これを反ユダヤ系の新聞「自由言論」が、祖国を裏切るユダヤ人の売国奴を軍部が庇っていると論じて、軍部を優柔不断であると大々的に糾弾した。軍上層部は証拠不十分のまま非公開の軍法会議においてドレフュスに「有罪」の判決を下して南米の仏領ディアブル島（デヴィルズ島）に終身禁錮とした。ドレフュスの妻のリュシーと兄のマテューらは、再審を強く求めるとともに真犯人（スパイ）の発見に執念を燃やした。九六年に情報部長に着任したピカール中佐が、真犯人はハンガリー生まれのエステルアジ少佐であることを突き止めた。しかし、軍上層部は軍の権威失墜を恐れてもみ消しを図って、ピカール情報部長を左遷して、形式的な裁判でエステルアジを「無罪」として釈放してしまった（エステルアジは英国に逃亡して平穏な生涯を終えた）。これに憤慨した作家のエミール・ゾラがフォール大統領あての公開質問状を一八九八年一月一三日の新聞「オーロール」紙に掲載し、ゾラは軍部を中心とする不正と虚偽の数々を徹底的に糾弾したので、世界的に有名な事件となった。以後、フランスではドレフュス支持の運動が一挙に盛り上る一方、各地でユダヤ人迫害事件が頻発した。一八八二年以来の金融恐慌により多くの金融機関が破産に追いやられ、貯蓄をなくした人々が金融界を牛耳っていたユダヤ人への憎悪を昂らせたという事情が背景にある。

の悲劇」の「真珠湾の悲劇の責任者たち」の項においても言及している。**セオバルド少将は、ルーズベルトこそが日本側の暗号通信を解読した情報をキンメル提督とショート将軍に伝えて警告をすることを怠ることにより、戦争を開始した張本人であると断じている。**

本項においては、議会が宣戦布告を承認する可能性は皆無である以上、全てを極秘裏に進める以外には米国を戦争に引き込む方法はないと、ルーズベルトが考えるに至った経緯を説明して、スターク提督の証言を引用している。いずれも、真珠湾事件はルーズベルト大統領の陰謀の所産であると述べている。

フィッシュは更にショート下院議員が行おうとした真相探求のための調査活動が数々の妨害工作に出会ったことを報告している。

ルーズベルト大統領が急死したのは一九四五年四月一二日であるから、ショート議員が、下院でこの演説をした一九四四年一一月二八日の時点は、まだルーズベルト大統領は存命中であった。ルーズベルト大統領とその一派が、かつて司法、行政、立法、及び軍の全ての重要な位置に自分の思うままに操れる人間を配置し、しかもその人間が数々の不正やその隠蔽工作の共犯又は共同正犯として主体的に関与したのである。彼らが自分自身を護るために、真実が暴露されないように数々の妨害工作を行ったであろうことは容易に推測できる。

ショート議員は、真珠湾事件をかのドレフュス事件にまで譬《たと》えて、真相究明のために米国民は「現在の自らの責務を果たすべく、少なくとも努力だけはすべき義務を負っている」と述べている。

なおドレフュス事件（137ページ注釈35参照）とは、一九世紀のフランスで起きた国際的に有名な大冤罪事件で、文豪エミール・ゾラが之を弾劾して評論活動を展開したために国際的に知られるようになった。政府機関や軍のような大組織にありがちな組織優先の考え方、隠蔽体質、軍事機密を言い訳にした偽称や虚構が浮き彫りにされた事件であり、ルーズベルトの「悲劇的欺瞞」の事件と通じるものがあった。

第三章　ルーズベルトの扇動と欺瞞

■英国を戦争に向かわせた理由（七十七ページ）

［原文要約］

第二次世界大戦に至る過程における、米国の外交的介入と、国際場裡におけるイギリス、フランスおよびポーランドに対する煽動の全貌については、いまだほとんど明らかにされていない。特に、欧州におけるルーズベルトのスポークスマンであった駐仏米国大使ウィリアム・ブリットの積極的な活動については、知られていない。

以下は、ドルー・ピアソン[36]およびロバート・S・アレン[37]による一九三九年四月一四日発表の論文からの引用であるが、これは、〝いかにしてルーズベルトと国務省がチェンバレン（英）首相[38]に対し最後通牒をつきつけたか〟という表題をつけるにふさわしい。

36）ドルー・ピアソン：（一八九七――一九六九）米国の著名な政治評論家。政治コラム「メリー・ゴーランド」を担当してその論調は世界的に評価された。ロンドン海軍軍縮会議やパリ平和会議等の国際会議取材を行って有名になった。

37）ロバート・S・アレン：（一九〇〇――一九八一）クリスチャン・サイエンス・モニター社の首席記者。政治コラム「メリー・ゴーランド」にドルー・ピアソンと共に政治評論を執筆した。第二次世界大戦にはパットン将軍のスタッフとして従軍した。

38）アーサー・ネヴィル・チェンバレン：チャーチルの前任のイギリス首相で、首相在任は一九三七――一九四〇。ドイツのヒットラーやイタリアのムッソリーニに対して取った宥和政策で知られている。多くの批判を浴びた宥和政策であるが、ドイツの関心をソ連に向けさせる意味、およびイギリスの防備の時間稼ぎをする意味があったとの評価もある。一九三九年九月一日のドイツ軍のポーランド侵攻を受けてチェンバレンも九月三日に対独宣戦布告を決意し、ここに第二次世界大戦が勃発した。

この二人は、介入主義者であり、ルーズベルト政権を支持していた。したがってこの論文の内容を紹介することは、一九三八年から三九年にかけてルーズベルトがどれだけイギリス外交に影響力を行使し、イギリスの政策をドイツとの平和的話し合いから戦争の方向へと変えさせたかを示すために、歴史的な重要性がある（筆者注：この項は翻訳が生硬で分かりにくいので、引用部分でも必要に応じて筆者が改訳した）。

「ルーズベルト大統領の目的は、欧州における民主主義が危機に瀕していることを大英帝国に至急に気づかせることだった。しかし、英国では外交的裏切り行為が同時に進行していた。それはイギリスの銀行がドイツに対し再軍備のための資金を貸し出していたこと、かつ米・英間の合意に反してイギリス工業連合がドイツの諸工業との間で秘密裡に種々の（産業）協定の締結を交渉していたのである。

これらの裏切り行為が、ついにあまりにも目にあまるものとなったため、ルーズベルト（大統領）、ハル（国務長官）およびウエルズ（国務次官）は、チェンバレンに対しイギリスはナチス側であるのか民主主義国であるのかの判断をせざるを得ないこと、および、その判断はチェンバレンのこれからの政策を見たうえで行う旨の最後通牒を送った（筆者注：英国が若しナチスに与するに等しいような行為をとることがあれば、米国としては英国を敵国として認識するとの恫喝である）。

一九三八年のミュンヘン危機の後、ルーズベルト政権はジョセフ・ケネディ駐英米大使を通じてチェンバレンに対して、ヒットラーに対しては毅然たる態度しか通じないのであるから、宥和政策はすぐさま中止するようにと勧告した。チェンバレンはこれに同意したと思われる。

しかしその後、米国務省がヒットラーに対して強硬な態度をとるたびに、イギリスでは、ジョン・サイモン卿やその他の保守政党の閣僚がナチスのもとに駆けつけて、イギリスは必ずしも米国側の発言に同調するものではない旨を説明していた。英国のこうした裏切り行為は依然として続き、ついにチェコ危機の直前には、多くの英国閣僚が関与する強力なイギリス工業連合がナチスとの間に秘密貿易協定を結んでいたことを、米・国務省は知るに至ったのである。その秘密貿易協定は、コーデル・ハルが困難な交渉を重ねたうえに作り上げた米・英貿易協定よりも（英国にとって）好条件であった。

この頃には、ルーズベルトやハルその他によるイギリスに対する怒りは頂点に達していた。彼らが見る所では、イギリスの中枢においてイギリスを支配している寡頭《かとう》政治家層は、独裁者を擁護することばかりに心を用いており、フランスの人民戦線やスペインのネグリン政権のような民主主義的諸政府を強化することを密かにおそれているに違いないと思わざるを得なかった」

このピアソンとアレンによる論文は、欧州戦争勃発の四カ月半前に発表されて、議会の記録に収録されている。この論文は、ルーズベルトがどれほどチェンバレン首相とその内閣を扇動し、かつ圧力を加えていたかを証明している。

また同論文は、米国がどれだけイギリスの外交政策に介入し、これに影響力を行使し、それによってイギリスをドイツとの話し合いという政策から、世界史上最も血なまぐさく、高価かつ破壊的な戦争への参入へと追いこんだかを示している。この戦争によって、欧州の半分は完全に疲弊し、壊滅した。また東欧は、共産主義者による独裁政治に席巻されることになったのである。

英国自体も、人的・物的両面にわたり多大な被害を受けた。六年に亘る戦争の結果、イギリスは事実上破産状態になったし、その帝国の大きな部分を失った。ルーズベルト政権の熱心な支持者であるこの二名の米国人コラムニストによる論文は、ルーズベルトが、第二次世界大戦勃発の一年以上も前に、イギリス政府の対独政策に対し影響力を及ぼしたばかりか、具体的政策を指示までするという、厚かましい試みを行なっていたことをはっきりと示している。

（筆者注：ルーズベルトは英国に対して恫喝まがいの圧力をかけていたのだから、ドイツがポーランド侵攻後に米国が即時に参戦しなかったことに対して、矢の催促をしてきたことは至極当然であった）

ルーズベルトがイギリス首相に指示することができたのであれば、彼の主なスポークスマンであったウィリアム・ブリット（駐仏米大使）を通じて、フランスとポーランドに同様のことを行うことは当然可能であったわけで、ルーズベルトは実際にこれを行なった。ブリットは、駐仏米国大使であったが、それと同時にルーズベルトにとっては、全ヨーロッパをカバーする移動特命大使であったのである。

【解説・コメント】

ルーズベルトとその一派が、自国だけではなく英国をも戦争に引き込んだ経緯がここに述べられている。これは、他国の政策に対してアメリカ政権が過剰な介入がされていた証言である。英国の裏切り行為についても語られており、その中でロンドンの銀行がドイツに対して融資をしていたことが挙げられている。

しかし、金融取引はもともと世界を相手にして行うものなのだから、制裁の手段として金融取引制限を宣言してでもいない限り、これをもって英国政府の米国に対する裏切りとまではいえないだろう。スイスの金融機関などは世界大戦中でも連合国と枢軸国の双方に金融サービスを提供していた位だ。

第二次世界大戦がはじまって以来、英国はドイツとの戦に苦しんで米国に支援を求めていた。ルーズベルト大統領は、チャーチルの求めに応じてなんと五十隻（!!）もの艦艇を含む大量の軍事援助をした。米国の武器貸与法に基づく対英国援助額は実に、三百十四億ドルにも上った。ルーズベルト大統領が、支援の見返りとして英国に要求したのは、米国の極東（特に中国）における権益確保と拡大を認めること、及び日本を叩くことへの協力であった。チャーチルは之を了承し、米国に対しても早期に対日戦争に踏み切るように要請した。

一九四一年二月三日、ルーズベルト大統領は、日本と戦って屈服させた後に日本をどのように処理するかを研究する特別研究部を国務省内に発足させた。なんと、日本の真珠湾攻撃の十カ月も前から米国は日本占領政策の研究を始めていたのだ。

同年八月には、ルーズベルトとチャーチルはニューファンドランド島沖合のアルジェンチアで会談を行った。チャーチルは、米国に出来るだけ早く欧州戦線に参加してもらうことがナチス・ドイツとの戦争に勝利するためには不可欠と考えていたので、ルーズベルトにドイツに対して即刻宣戦布告することを求めた。この段階ではルーズベルトは国内世論の制約があったので、「今直ぐは無理だが、あと数カ月は日本という〝赤児をあやす〟つもりだ」（ニューファンドランド島における会談）と語ったという。

■ルーズベルトの嘘と偽善（八十一ページ）

［原文要約］

ルーズベルト（民主党）がヘンリー・スティムソンを陸軍長官に、フランク・ノックスを海軍長官にそれぞれ任命するに及んで、（われわれ）非介入主義者の反ルーズベルトの姿勢が確定的となった。というのは、この新たな閣僚は二人とも共和党に属してはいたが、戦争賛成派のリーダーであった。

一九四〇年六月一八日、スティムソンは、ラジオ声明を発表し、その中で事実上、宣戦布告なしの戦争を支持する趣旨の発言を行った。

彼は米国の港をイギリス、フランスの軍艦に開放し、米国自身の軍艦を護衛のために戦争水域に送ることを主張したのである。まさにこの発言を行ったその時に、スティムソンは陸軍長官への就任を要請されたのである。これを受託する前に、スティムソンは電話でルーズベルトに対し、彼が自分のスピーチの原稿を読んだかどうかにつき質問した。

大統領は、スピーチは読んだし、その内容に賛成である、と答えた。もちろん一般大衆はこの電話でのやりとりを知らなかったが、スティムソンが戦争を行うことを強く望んでいたことは、一般に知れわたっていた。

その後、ルーズベルトが次々に行った平和の約束は、ルーズベルトの不誠実さと厚顔無恥なまでの不正直さを示すものであった。これこそ空前絶後の嘘と偽善と、米国民に対する欺瞞そのものである。一九四〇年の大統領選挙の終盤になって、民主党首脳は、平和支持者の票が強力であることを恐れてルーズベルトに平和への強いアピールを行うことでこれに対処するよう進言した。

そこで、ルーズベルトが行った嘘と偽善は大統領選挙投票の一週間前の、一九四〇年一〇月三〇日、ボストンにおいて行われた。彼はこう言ってのけたのである。

「私は母であり、あるいは父であるあなたがたに話すにあたって、いま一つの保証を与える。私は以前にもこれを述べたことがあるが、今後何度でも繰り返し言うつもりである。〝あなたがたの子供たちは、海外のいかなる戦争に送り込まれることもない』とルーズベルトは発言した。さらに（中略）次のようにつけ加えた。

「われわれの外交政策の第一の目的は、米国を戦争に参加させないことである」

米国津々浦々の市町村の選挙民は、合衆国大統領によってなされたこれらの公然たる和平の約束と保証を信じ、これに拍手喝采を送った。（後略）

［解説・コメント］

「政治家の資質の一つは嘘を平然といえること」という言葉がある。筆者もそれを容認せざるを得ない時もあると考えている。例えば、政治家は為替問題においては「通貨切り下げをするかどうか」についてはいくら嘘をついてもよいというのが政界でもマスコミの世界でも常識になっている。また、沖縄返還交渉の折に日米の首脳間で交わされた密約についての嘘などは、倫理的・道義的な問題を上回る長期的な国益の問題が絡んでいた。この〝嘘〟なしには沖縄の返還はあり得なかったのだ。気にいらなくても、それが現実だ。

筆者は従って、どんな場合でも絶対に嘘をついてはいけないなどという少女趣味的な倫理観をふりかざすつもりはない。しかし、このルーズベルトの嘘は酷い。人間としての許容範囲を超えている、品性にかかわる問題だ。こういう候補者を大統領に当選させてしまうことがあるのは、民主主義の弊害だ。もっとも日本でもセクハラお笑いタレントを大阪府知事に当選させてしまったことがあるのだから、偉そうなことはいえない。

政治の世界では、たしかに「嘘も方便」という言葉が通じる場合がある。しかし、それも程度問題だ。イェール大学のサミエル・ビーミス教授は、「ルーズベルトらの政権首脳が日本軍の暗号解読により、攻撃が数日内に迫っていることを知りながら、ハワイの司令官たちに情報を十分伝えなかった」[39]ことを史実として認めている。

それにもかかわらず、ルーズベルトに戦争責任を負わせようとする史観を修正主義と呼んで厳しく批判している。ルーズベルトの嘘は〝方便〟に属するから許容できるが、それを暴いて真相を明らかにするのは、〝方便〟の利便性を阻害するから良くないとでもいうのだろうか。

ビーミス教授曰く「ルーズベルト大統領に戦争責任を負わせようとする修正主義者の試みは、由々しく、不適切であり、あえていえば嘆かわしい[40]」とまで言っているのだ。ルーズベルトがそうした策略を取ったのは、「米国民を奮起せしめて開戦することが国益にかなう」と彼なりに考えたからだという。しかし、そこまで言うのは、明らかに許容範囲の〝嘘も方便〟の程度を越えている。米国民を奮起せしめるために、部外者だった日本人三百余万人の命を勝手に犠牲にしても良かったのか‼

もちろん、彼等は日本に謝罪すべきであるなどとは口が裂けても言わない。彼らにとっ

39）『日米戦争、ルーズベルト責任論と“歴史修正主義”非難の起源』福井義高　雑誌「正論」二〇一五年二月号　百三十ページ

40）『日米戦争、ルーズベルト責任論と“歴史修正主義”非難の起源』福井義高　雑誌「正論」二〇一五年二月号　百三十ページ　ビーミス教授によるジョージ・モーゲンスターン著『真珠湾』に対する反論。

ては、有色人種の日本国民にかけた大迷惑などは、全く意識の片隅にも存在していないからだ。日本国民としては、先の大戦について何らやましいところはないのだから、自虐史観はかなぐり捨てて誇りを取り戻し、毅然とした態度をとるべきである。

今後の日本は、過去は過去として、米国と安全保障上の協力体制を密にしてゆかなければならないが、米国ではこうした理解がまだまだ一般的であることを、承知しておくべきだろう。日本の政治家が米国の痛い腹をえぐって同盟関係は損なうようなことがあってはならないが、日本人が日本国民としての誇りを取り戻すのは緊急の課題だ。

■大統領の〝平和の保証〟（八十三ページ）

［原文要約］

（前略）**ルーズベルトはその強大な権力を用いて、米国をいま一度、欧州戦争にまきこもうとしていたのである。**

米国民は、確かに、もう一度、ボストンにおける彼の約束（筆者注：前項で述べた演説の〝あなたがたの子供たちは、海外のいかなる戦争に送り込まれることもない〟という言葉）**を振り返ってみるべきである。**

（中略）

ルーズベルトの与えた平和の保証は、歴代の大統領の行ったいかなる発言よりも、よりはっきりとした約束及び保証であり、同時により明らかに国民を欺いている。なぜ彼はそのような保証を行なったのか。それは、ルーズベルトは、何としてでも大統領に選出され、もって米国民を第二次世界大戦へと導くという彼の執念を達成することを決意していたからである。

彼が、大統領に選出されるほんの十日前に、「われわれの外交政策の第一目標は、米国を戦争に参加させないことである」と発言していることを忘れないでいただきたい。この同じ大統領が、その一年後に、日本を、壁の隅に追いこまれたねずみのように、先に手を出さざるを得ない状態に追い込むというその目的だけを追求して、日本に対しドラスティックな最後通牒を送ったその人である。

（中略）

ルーズベルトの主なスピーチ・ライターであったロバート・E・シャーウッドは、次のように述べて、ルーズベルトによるたび重なる米国国民に対する欺瞞を擁護している。

「世論及び議会の行動に対する影響力を維持するために、ルーズベルトはそのように発言することを強いられた、というのがまぎれもない事実である」

欺瞞というのは、別の言葉で言えば事実の隠蔽である。

ヒットラーのポーランド侵入やフランスが侵入された時点で、米国は直ちに欧州戦争に参戦すべきであった、と信じていた米国人が数多くいたことは事実である。しかし、**これらの時点においても、米国の世論の大多数は、米国が再び世界大戦にまきこまれることに反対していた。**

［解説・コメント］

このルーズベルトを擁護する発言をした大統領スピーチ・ライターのロバート・シャーウッドは、劇作家・映画脚本家でもあった。オールド映画ファンは覚えておられるに違いないが、ウィリアム・ワイラー監督の名画「わが生涯の最良の年」（第十九回アカデミー賞の七部門を独占受賞。出演：フレドリック・マーチ、マーナ・ロイ、ダナ・アンドリュース）の脚本は、このシャーウッドによるものだ。

ルーズベルトが設立した情報調査局（ＯＣＩ＝Office of the Coordinator of Information）は、このシャーウッドと、弁護士のウィリアム・ドノバンが提案し、これをイギリス海軍情報部部長ジョン・ヘンリー・ゴドフリーやニューヨークのイギリス秘密情報部直属の英国安全調整機関（ＢＳＣ＝British Security Coordination）のウィリアム・スティーブンソンらも強力に応援して設立されたものだ。以後、米国の政治と軍事は、全て情報操作と政治的プロパガンダの観点から専門的に運営された。ルーズベルトの欺瞞の隠蔽工作のために大活躍をした組織である。

明らかにルーズベルトとその一派の行動は、単に選挙前の公約を護らなかったという程度の生易しいものではなかった。彼等は、米国の民主主義の伝統を踏みにじり、数々の法律に違反する非合法活動を強行したのである。ＯＣＩが設立されたことと、関係があるのかもしれない。しかし、たとえ政治と軍事は全て情報操作と政治的プロパガンダの観点から専門的見地から運営されていたといっても、ルーズベルトとその一派のやり口は明らかにやり過ぎであった。

■欧州戦争への米国民の参加意思（八十六ページ）

［原文要約］

第二次世界大戦勃発当時、なぜ米国はポーランドが攻撃された戦争開始当初に参戦しなかったのだろうという問いに、答えられる米国人はほとんどいなかったろう。それほど一般の米国人は欧州情勢には無関心だったのだ。ほとんどの米国人はダンチヒがどこにあるのかさえも知らなかったのだ。憲法によれば、議会のみが参戦を宣言する機能を持っているのである（筆者注：前述の通り、この点は微妙な問題を含んでいるので［解説・コメント］を参照）。

当時は、米国国民の九十六％および議会は、再び欧州戦争に参戦することに反対していたのである。その七カ月後、ヒットラーの軍隊がノルウェーに侵入した時に行われたギャラップ世論調査において、米国国民の三％は参戦に賛成し、九十七％は、非介入を支持していた。

これから見て、ポーランドが侵入された戦争開始当時であろうと、その後ノルウェーとフランスが同様に侵攻された時点であろうとを問わず、米国民の欧州戦争参加に対する反対感情はほとんど極限にまで達していたことは明らかである。その後数年の間に、この数字は九十七％から約八十五％まで下がり、パールハーバー攻撃に至るまでそのままであった。

当時ルーズベルトは、積極的平和主義者（介入主義者）の閣僚の一団に囲まれていたが、彼らのうちの多くは容共主義者でもあった。その中には、アバレル・ハリマン[41]がいた（筆者注：ハリマンが容共主義者というのは疑問。筆者の［解説・コメント］を参照）。彼は、アチソン国務次官補と同様に、蓋を開けてみて初めて、スターリンと共産主義は、自由と米国に対する大敵であるということに気づいたのである。

ルーズベルトは、「ハリー・ホプキンス（筆者注：商務長官。容共主義者でありソ連のスパイだったとの疑いがある）とジョー・スターリン〝おじさん〟は、非常にうまが合った。彼らは、〝相棒〟となっている」と自慢している。ホプキンスは、惜しみなく彼の友人スターリンを売り込んだ。彼は、スターリンを共産主義者と考えるのはばかげている、と述べている。スターリンはロシア国家主義者であると。

シドニー・ヒルマンもまた、ハロルド・イッキーズも、スターリンに対してこれを同様の間違った見方をしていた。前駐ソ米国大使ジョセフ・デービスとともに、ホプキンスも

41）ハリマン：（William Averell Harriman, 一八九一―一九八六）米国の外交官、銀行家、実業家。大戦末期に駐ソ大使だったが、ソ連軍が中東欧諸国を占領していく中でソ連の拡張に危機感を抱きワシントンに警告した。後にトルーマン政権時代の商務長官を務めた。父は日露戦争の直後にセオドア・ルーズベルトに派遣されて日本へきて南満洲鉄道の共同経営の申し出をしたエドワード・ハリマンである。

ヒルマンも、スターリンに騙され、彼らが抱かされた虚像をルーズベルトに伝えた。これを受けて、ルーズベルトは、会いに来る人々に対し、スターリンは共産主義者などでは全くなく、ただロシアの愛国者であるだけであると公言していたのである。（後略）

［解説・コメント］

フィッシュ『ほとんどの米国人は、ダンチヒがどこにあるのかさえも知らなかった』と表現して、殆どの米国人はポーランド問題など気にもかけていなかった、すなわち米国はドイツの侵攻に干渉すべきではなかったと示唆している。フィッシュの一国平和主義のしからしむるところであろうが、筆者には理解できない。現在もポーランド領となっているダンチヒは、かつてグダニスクと呼ばれていたバルト海沿岸の港湾都市である。

ダンチヒは、第一次大戦前はプロイセン王国に属しており住民の多くがドイツ人だった。そのためポーランド政権下では民族差別や対立があったので、ドイツのポーランド侵攻の大きな要因となった。

フィッシュのいう「憲法によれば、議会のみが参戦を宣言する機能を持っているのである」という箇所は、前述の戦争権限法の個所で述べた通り、言い過ぎなので割り引いて理解する必要がある。当時は敵対行為が存在する場合であれば、憲法上は議会の決議なしに軍の最高指揮官としての大統領の権限で〝軍事介入〟をすることが可能であったのだ。

フィッシュが言わんとしていることは、当時の米国民の大多数は欧州の情勢に無関心であった。米国は、民主主義の国なのだから、ルーズベルトの個人的な信条がどうであろうとも、米国を戦争に引き入れ、日本に勝手に宣戦布告をし、英国やフランスを戦争にけしかけたりはすべきではないということである。しかし、それは直接民主主義の重視しすぎに通じないかという疑問を引き起こす。

フィッシュはルーズベルト大統領が民主主義社会のルールを無視して、あらゆる欺瞞と裏切り行為をしたことを批判しており、その点には筆者も賛成なのだが、それが嵩じて積極的国際平和主義そのものへの批判にまで及んでいるのは、筆者は同意しかねる。

米国は世界最大の強国であったのだから、世界大戦のような悲惨な出来事は何としても抑える責務があったと考え、その為であれば戦争もやむを得なかったと考えている。ただ、ルーズベルトの方法論は、平和実現のためにはいかにも稚拙で逆効果が多かった。勿論、これは結果論であるが、歴史は結果で評価しなければならない。

筆者は、むしろ民主主義の最大の欠点は衆愚であるのだから、民主主義を支えるために最も重要なのは衆愚を抑えることであり、それこそが政治家の重要な役割であると思っている。もし直接民主主義で良いのであれば、政治家も議会も不要なのだ。

愚見では、欧州におけるナチス・ドイツの台頭が欧州の平和にどのような影響を及ぼすのか、それは米国の一国平和主義を破壊することにならないか、等について共和党としてももっとよく考えて、米国民を啓蒙する必要があったのではないかと考える。それこそが、民主主義国家における政治家の重要な役割ではなかったのではないだろうか。それこそ全力を尽くしてもなおかつ米国民を納得させることができなければ、やはり米国は動くわけにはゆかないだろう。それは世界平和のためにはならないが、民主主義のコストなのだ。

フィッシュは、アバレル・ハリマンを容共主義者と称しているが疑問である。ハリマンは、ルーズベルト側近の大統領特使として欧州に派遣され戦争遂行についてウィンストン・チャーチル（英）首相と協議しているが、大戦末期には駐ソ大使となり、その中でソ連軍が中東欧諸国を占領していく中でソ連の拡張に危機感を抱きワシントンに警告した。なおアバレル・ハリマンの父、エドワード・ハリマンは、日露戦争直後にセオドア・ルーズベルトの命を受けて日本にやってきて南満洲鉄道の共同経営を申し出てきた、あの米国の鉄道王ハリマンである。ハリマン一族はいわゆるユダヤ資本の一族なのだ。

●容共主義者に囲まれていたルーズベルト

ハル・ノートを起草したハリー・ホワイト[42]がコミンテルンのスパイだったこと

42）ハリー・ホワイト：（Harry Dexter White、一八九二―一九四八）ルーズベルト政権のヘンリー・モーゲンソー財務長官のもとで財務次官補をつとめた。ハル・ノートの起草者であるがソ連のスパイだった。スノウという暗号名の下でソ連軍情報部と接触していた。ソ連の内務人民委員部（NKVD）で米国部副部長を務めたヴィターリー・パヴロフの証言によると、スノウ作戦の際、ソ連軍情報部のイスハーク・アフメーロフがホワイトと接触した後、ヴィターリー・パヴロフはアフメロフの友人としてホワイトに接触、メモを見せたという。後にハーバート・ブラウネル・ジュニア司法長官は彼を名指しで、ソ連のスパイであり、米国の機密文書をモスクワに渡すために他の連絡要員に渡していたと述べた。

が発覚したのは、「ヴェノナ文書（VENONA Files）」によってである。ヴェノナ文書は、英米の諜報部門が共同して三十七年間もかけてようやく解読したソ連の機密文書だ。ソ連が、暗号表は一回しか使わないという高度な暗号方式を使っていたのでなかなか解読できなかったものだが、ソ連側の一人が誤って同一暗号表を複数回使ってしまったことから、解読に成功したという。

東西の冷戦中は、米国が既に暗号解読に成功してヴェノナ文書が解読済みであるという事実は厳秘となっていた。一九九五年に冷戦が終結して、ようやくこの機密が解除された。ヴェノナ文書によれば、当時のルーズベルト政権の中になんと二百〜三百人ものコミンテルンのスパイがおり、しかも夫々《それぞれ》が要職を占めていたという。ホワイトはその中でもトップクラスのスパイだった。当時、ホワイトはルーズベルト政権下のヘンリー・モーゲンソー財務長官[43]のもとで財務次官補の要職にあったのである。

モーゲンソー長官はホワイトが起草したものは殆ど碌に見もしないで上にあげていたという。当のコーデル・ハル国務長官も、ホワイト起草の文書に署名をするにあたり内容を見て、「こんなことを日本に言ったら、すぐに戦争になるのではないか」と感想を漏らしたとのことだ。

日本の歴史学界の多くの歴史学者がＷＧＩＰによって洗脳されて、いまだに「全

43）ヘンリー・モーゲンソー財務長官：ユダヤ人金満家の不動産業者で、外交官でもあったヘンリー・モーゲンソーの息子。一九一三年にフランクリン・エレノア・ルーズベルト夫妻の知己を得て、一九二九年に当時ニューヨーク州知事だったルーズベルトにニューヨーク州農業諮問委員会と同州の管理委員会の議長に指名された。ルーズベルトが大統領になってからは政権における唯一のユダヤ人として、ナチ政権下のドイツから合衆国へのユダヤ難民の受け入れを推進するように大統領に求めた。当初は国務省の反対にあったが、一九四四年に大統領は難民委員会を財務省下に設置することを許可した。結果として一九四五年までに二十万人ものユダヤ人が救われた。

て日本が悪かった」という自虐史観を持っているために、こうした複雑な国際情勢の推移を看過し、かつコミンテルンの策謀を無視する結果となっている。

一九四〇年七月二六日、日本の仏印進出を機に、当時財務省通貨調査局長だったハリー・ホワイトの提案で在米日本資産は凍結された。日本の在米金融資産は無価値となったので、在米日本人は全員が「破産」に追い込まれたのである。米国の実質的な対日宣戦布告であるといわずに何と言ったらよいのか。

商務長官のハリー・ホプキンスは容共主義者であり、ソ連のスパイだった。その他の容共主義者には、ニューディール政策に関わった労働運動の大物シドニー・ヒルマン、内務長官で先住民政策改革運動などの公共事業を担当したハロルド・イッキーズ弁護士がいる。ルーズベルトはこうした容共主義者たちに囲まれており、その影響もあって後にスターリンと同盟関係を結ぶなどという馬鹿なことをやってしまったのかもしれない。

■大統領選挙を意識した策謀（八十八ページ）

［原文要約］

私（フィッシュ）が見る所では、ルーズベルトが恐れていたのは、私が下院運営委員会の委員長になって、彼の社会主義的施策および戦争参入の推進を阻止したり、また憲法上の正当な理由にもとづいて大統領弾劾を行なったりしかねないような事態であろう。

事実、駆逐艦五十隻のイギリスへの貸与、アイルランドへの軍隊駐留および、ルーズベルト自身による臨時体制の指令発出の時点から以後の彼の外交政策のすべては、議会の承認を得ずして遂行された。

これは大統領弾劾を行なう正当な理由になるのではないか。

ルーズベルトの外交政策は、虚偽に満ち、米国国民を裏切ったものであった。三期目の大統領選出を目指すにあたって、彼は、有権者に対し、平和の維持に貢献することを繰り返し保証した。ボストンにおいてルーズベルトが与えた平和の保証は、彼が票集めを行いつつ、米国国民に対し、虚偽と策謀を用いていたことを示す明白な例証である。

今となってみると、ルーズベルトが一九四一年一月六日に議会において行った米国国民向けの演説の内容と、実際の彼の政策との間に一貫性を見出すことはむずかしい。ルーズベルトは、その演説の中で次のように述べている。

「われわれは、われわれ自身の手で安全保障を確保すると心に決めている。この国が侵入者によって支配され、宥和主義者（筆者注：共和党のような不干渉主義者を意味すると思われる）によって保たれるような平和に黙って従うがごときは決してできない。他の人民の自由を犠牲にして（筆者注：例えばドイツの他国への侵略を放置して）では、永続的平和は達成できないことを、われわれ

は知っている」（ルーズベルトの演説）

ポーランド、チェコ、ハンガリー、バルカンおよびバルト諸国においては、自由が破壊された。それらの国に平和が到来したかに見えても、その平和は自由をないがしろにした形で成立したのである。このルーズベルトの議会演説の中で、いま一つ理解しがたいのは、米国自身の関与しない場所での平和に対し、われわれは黙って従うことはできない、としている点である。その時点では、（公式には）米国は参戦にもコミットしていなかったし、（公式に）参戦を支持したことも一度もなかったのである。

以下は、一九三八年二月一五日に、私（フィッシュ）が下院海軍委員会にて行った証言の一部である。同委員会議長カール・ビンセントは、有能かつ尊敬を集めた民主党員であった。これは、第二次世界大戦勃発の十八カ月前のことである。

「この国のわずか十%の国際主義者を除いて、すべての米国国民は、海上封鎖、制裁措置、禁輸、共同行動、および（他国を）侵略国家として認定する権限を与えて貰いたいというルーズベルト大統領の要請に、全面的に反対しているものと私は確信する。これらの行動のすべては、強制と実力とをもって他国を取り締まりかつ隔離するものであるから、（それらの他国から我が国が）宣戦布告をされる正当な理由となるものである。

侵略行為は、数百年も前から続いているものである、大英帝国は世界の半分を、フランスは広大な植民地をそれぞれ掌中に入れた。これに対して、イタリアおよび、ロシア、ドイツを含む他の諸国は介入してきたが、われわれはこれまで、これに介入したことはない。

私は、ハーバート・フーバー前大統領が最近行った演説を、議会記録に挿入する。フーバー前大統領は、これを記録で見るよりは今少し強い調子で発言した。この演説を支持した、私の同大統領に対する返事は次の通りである」（フィッシュ）

「ハーバート・フーバー殿宛。一九三八年一月一七日付電報

下院外交委員会の有力メンバーとして、貴殿の平和計画に賛辞を呈する。（私は）これを議会記録に挿入している。（私は）貴殿が、ヘンリー・L・スティムソンの国際主義を支持しないことを知り、うれしく思う。スティムソンは他国を隔離するために、経済封鎖と軍隊を用い、共同行動をとるということにつき、ルーズベルトと合意している。米国国民は、戦争でなく、平和を愛好するものである。

ハミルトン・フィッシュ」

［解説・コメント］

この項で筆者が大変驚いたことに、フィッシュは、「侵略行為は、数百年も前から続いているものである（中略）が、〝われわれはこれまで、これに介入したことはない〟」と言っている。米国は他国の植民地政策に口を挟むこともなかったし、米国自身が植民地的政策を取ったこともないという趣旨と思われる。

この発言は一九三八年二月になされたものだが、およそフィッシュらしくない発言だ。米国はそれまでに、自国の先住民の土地を収奪・侵略し、米墨戦争、ハワイ王国侵略、米西戦争、米比戦争（虐殺多数）などの数々の侵略行為を自ら行っている。英国やフランスの侵略行為に〝介入したことはない〟どころの騒ぎではないのだが、フィッシュの意識にはなかったのだろうか。この点については、筆者はフィッシュに批判的である。

第一、米国は自国内でさえもアメリカ・インディアン（現在では反省を込めてネイティブ・アメリカンと呼んでいる）を迫害して大量殺戮などの非人道的行為、土地収奪による侵略行為、迫害行為、を行ってきた。これらは彼らによれば、全て未開人を〝文明化〟したものであり、「西部開拓魂」や「フロンティア・スピリット」の雄々しい発露とされてきた。ネイティブ・アメリカンは、コロンブスが到着した一四九二年にはおよそ一千八百万人もいたが、殺戮や迫害の結果一九〇〇年迄にはわずか三十五万人になってしまった。こうした行為は、他民族への侵略行為として意識されなかったのだろうか。

テキサス州は、かつてはメキシコ領であったものだが、米墨戦争の結果一八四八年（民主党のジェームズ・ポーク大統領の時代）にグワダルペ・イダルゴ講和条約によって米国が併合した。テキサスには昔から多くの米国人が入植しており、米国はその支援を口実として戦争（米墨戦争）をしかけたものである。戦争ではメキシコはひとたまりもなく敗北し、カリフォルニア州とニューメキシコ州も米国に格安で割譲された。

ハワイも、米国が侵略した結果一八九八年（共和党のウィリアム・マッキンリー大統領の時代）に併合したものだ。一八一〇年、カメハメハはハワイ諸島を初めて統一してハワイ王国を建国して国王となった。そこへ米国人のキリスト教宣教師が布教活動を隠れ蓑にして侵略の先兵として移住してきた。それから、色々な形でプランテーションのための土地の収奪が始まった。二千人の白人たちは、軍事力を背景にしてハワイ人の土地を強奪するようにして取得して、サトウキビやパイナップルの栽培を開始した。

その過程で、多くの先住ハワイ人が虐殺されてリリウオカラニ女王は捕らえられた。彼女は約二百人のハワイ人の命と引き換えに王位を断念し、ここにハワイ王国は崩壊した。一八九四年にはサンフォード・ドールが一方的に臨時政府を樹立してハワイの知事に就任し、この臨時政府がアメリカに併合を求めた。

リリウオカラニからの救助要請に応じて日本は急遽、在留邦人保護を理由に巡洋艦「浪速」と「金剛」の二隻をハワイに派遣し、ホノルル港に停泊中の米艦「ボストン」の両側に投錨して臨時政府の勢力を牽制した。当時の巡洋艦「浪速」の艦長はかの東郷平八郎海軍大佐（当時）であった。その時点では、米クリーブランド大統領はハワイ併合を見送った。しかしその後、ハワイ議会の要請に応じるという形式で、ハワイは米国に併合されたのである。

米西戦争は一八九八年（共和党のウィリアム・マッキンリー大統領の時代）に、キューバ島をめぐって起こった米国とスペイン間の戦争だ。米国帝国主義の典型的な政策と言えよう。キューバはスペイン領であったが、独立運動が起こって一八九五年に共和国として独立を宣言した。しかしスペインの弾圧が続いたので、当時、砂糖資源に投資していた米国が軍事介入して、四カ月でアメリカの勝利となった。

フィリピンのケースでは、米国はかなりあくどいことをした。マニラのスペイン部隊を攻撃するにあたり、米最高司令官ウェズリー・メリットは、比の独立運動家エミリオ・アギナルドに戦後に独立をさせると口頭で約束した上で米国に協力して戦わせた。しかし、その約束は実行されず、米国はフィリピン共和国の独立を認めなかった。

怒ったフィリピン人が独立運動を展開すると米国は軍隊を出して彼らの虐殺を行った。米比戦争は一九〇二年（共和党のセオドア・ルーズベルト大統領の時代）まで四年間続き、その間に米国はレイテ、サマールの二つの島の住民を皆殺しにするなどして、なんと二十万人を虐殺（米上院公聴会の記録）したのである。

第四章　米国民の意思と戦争への道

■ルーズベルトはなぜ戦争を欲したか（九十五ページ）

［原文要約］

第二次世界大戦勃発の二年前から、ルーズベルト大統領と彼の好戦的な内閣がしたことは、魔女の大鍋をぐらぐらと煮え立たせたようなものだ。彼らが魔女の大鍋に投げ込んだ処方は、アメリカの青年たちの生命をもって侵略国を隔離すること、及び、貴重な血と財産の犠牲のうえで米国を世界の警察官とすること、であった。

彼等は、世界は一体だという考えのもとに世界的規模のいわゆる集団安全保障のために、われわれの伝統的な中立・平和的立場を裏から崩していった。そして、（議会の承認が必要な）宣戦布告なしにわれわれを戦争にまきこむために、大統領に無制限の権力と資金を与えるよう議会に対し請求したのであった。

つまりルーズベルト大統領に、ヨーロッパやアジア諸国の外交政策に介入し、干渉することを許

し、われわれをヨーロッパやアジア諸国固有の昔からの争いにまきこませることを可能としたのが、その（大鍋に投げ込んだ）処方だったのであった。

ルーズベルトは確信的な国際主義者、干渉主義者である。この頃、欧州では第三帝国（ナチス・ドイツ）がポーランドに対して、住民の九十％以上がドイツ人であるダンチヒを返還するように要求していた。ルーズベルトはポーランドに対して、この要求を拒否して交渉を引き延ばすことによって時間切れを狙うように説得した。

さらに彼はこのような直接的な干渉に飽き足らず、イタリア、ドイツ、後には日本のような全体主義国家の指導者たちに対する挑発的な名指しの非難にふけったが、ソビエト・ロシアやヨセフ・スターリンに対しては、そんなことは決してなかった。

ルーズベルトとイッキーズ内務長官は、極めて挑発的な言葉と形容詞を連発して、もしかしたら彼らが平和のための調停者となったかもしれない潜在的な可能性を自ら潰してしまった。しかし彼は一向に困らなかった。なぜならば、戦争が彼の目的であり、平和のための調停者となることなどは考えてもいなかったからである。一九三九年九月一日から一九四一年一二月七日までの間、彼が絶えず考えていたのは、いかにしてアメリカを戦争に引きずり込むかであったのだ。

第二次世界大戦が始まるやいなや、ルーズベルトはわれわれを戦争にまきこむことに決めた。その理由は、①暗黙の約束も含めた対外コミットメントを守るためであり、②悲劇的な失業状態を回復するためである――六年間の「ニューディール」政策とその失敗の後、アメリカではいまだ

一千三百万人が失業状態にあった。また、③国際主義者として、彼は実際に戦争に介入したいという欲望を持っており、④戦争を指導した大統領となることで権力欲を満たし、その名を歴史にとどめるためであり、さらに、⑤国際連合を結成し、それの実質上の支配者ないしは、スターリンとの共同支配者になろうとしていたからである。

ジェシー・H・ジョーンズは、ルーズベルト内閣の商務長官で、復興金融公社の総裁もかねた民主党員であったが、その著書『フィフティ・ビリオン・ダラーズ』の中でルーズベルトのことを〝根っからの政治屋〟と評している。このジョーンズの言葉は、ルーズベルトがいかに参戦を欲し、それを決意していたかを明白にする。例えばジョーンズは次のように書いている。

「ルーズベルトは、〝私は戦争を憎む〟とたびたび述べたのにもかかわらず、彼は、参戦に非常に熱心であった。なぜならば、参戦は三期目の大統領の地位を約束するからであった。もし、彼が大統領に三選されたならば、それは彼の二つの大きな希望を満たすことになる。すなわち、一つは、戦争をするということであり、もう一つは史上初めての三選を果たした大統領として、彼の虚栄心を満たすことであろう」（後略）

［解説・コメント］

●不干渉主義

フィッシュは日本のことを、イタリア、ドイツ、と並べて全体主義国家と呼んだが、これはフィッシュらしくない間違いだ。

この項においては、筆者はフィッシュとはだいぶ意見を異にする。世界平和を如何にして維持するかについては、筆者は一国平和主義のフィッシュよりもむしろ積極的平和主義のルーズベルトの考え方に共感するところが多い。ただし、ルーズベルトはそれを実行する方法論において、多くのそして許すことの出来ない卑劣と欺瞞の数々を実行したのだ。

オバマ大統領が「米国は世界の警察官ではない」といって、あらゆる国際紛争への積極的な介入をやめてしまって以来、世界がどうなっているかを見れば、世界の最強国が一国平和主義に凝り固まってしまうと世界がどうなってしまうかは一目瞭然である。この点については本章の「孤立主義と不干渉主義」の項で再論する。

筆者は、積極的国際平和主義を推すものだが、ルーズベルトのやり口の汚さ、権謀術策の数々と欺瞞、そのために日本が被った多大な損害と失った多くの尊い人命に関しては、筆者はルーズベルトを決して許すことが出来ないと思っている。その点については筆者もフィッシュに負けず劣らず批判的である。

●五つの理由

フィッシュは、ルーズベルトが米国を戦争に引き込んだ理由を五つ挙げているが、いささかルーズベルトの個人的な品性の欠如に無理に結びつけようとしている気味があるので、若干説得力に欠けるところがある。

おそらくルーズベルトの意図は、もっと高いレベルの積極的平和主義から発していたものと思われるが、それを実行に移した手段があまりにも品格を欠いて穢れていたので、意図そのものの真摯さを台無しにしてしまったという所ではないだろうか。

①の「暗黙の約束も含めた対外コミットメントを守るため」というのは賛成だ。米国内の正当な手続を踏まずに勝手に英国、フランス、ポーランドへの働きをしたのは重大なフライングスタート（和製英語）であった。

②の「ニューディール失敗後の経済危機対策のため」も正解だ。米国の一部の財界・経済界がルーズベルトの積極的平和主義を熱烈に支持したのは戦争による景気回復を期待したものだ。

③の「国際主義者としての個人的欲望」に理由を求めるのは疑問だ。

④の「戦争を指導した大統領としての権力欲を満たすため」という要素は無かったとはいえないだろうが、さすがにそれはマイナー要素に過ぎなかったであろう。

⑤の「国際連合の実質上の支配者願望」もルーズベルトの心の隅にはあったろうが、五つの主要な要素の一つにするのはうがち過ぎだろう。

■覇権と植民地維持のための戦争（九十八ページ）

［原文要約］

アメリカ国民は第二次大戦の勃発の四カ月も前から、ルーズベルト政権が明らかに好戦主義的であることに気がついていた。つまりルーズベルト政権は、国際主義、干渉主義、集団安全保障や秘密外交、そして軍事同盟に賛成であった。そして、中立主義、不干渉主義そして平和といったアメリカの伝統的外交政策には反対であることが明らかになった。

ルーズベルトと、閣僚をも含めたニューディール政策の代弁者たちは、人々のヒステリーをあおって、完全な狂躁状態をもたらした。ニューディールで使われた煽動のメカニズムが休みなく働き、人々の気持ちを戦争賛成に向け、そして、子息たちを再び異国の戦場に送るべくしむけた。

（中略）

一九三九年四月一一日、ルーズベルト大統領は、「もしヨーロッパで戦争が勃発するならば、われわれの参戦が絶対に必要であろう」という『ワシントン・ポスト』紙の社説に賛意を示した。このように大統領とニューディール政権が行なった、アメリカの若者を新たなヨーロッパでの大殺戮へ駆り立てるためのプロパガンダと戦争ヒステリーはきわめて広範囲にわたったので、これらの煽動や危険な政策に対抗し、アメリカを外国の戦争にまきこませないための全国組織として「アメリ

力第一会議」が結成された。

（中略）

一九三七年一〇月七日の彼の「隔離演説」（筆者注：本項の［解説・コメント］参照）から一九三九年九月三日の第二次大戦がはじまるまでの間と、その後の彼の外交政策は、ヨーロッパの血生臭い権力政治に干渉することにあったということである。

大多数の国民は、第一次世界大戦においてあまりに莫大な犠牲者と費用がかかったことに愕然としていた。

米軍に頼るところが大きかった勝利の後も、アメリカはその物的代償は何も求めなかったし、また、その結果何も得なかった。

（米国は）感謝の言葉も戦利品も賠償も何も得ず、ただ、アンクル・サムでなく、アンクル・シャイロック、つまり金貸し伯父さんと呼んでもらっただけであった。他方、英仏は戦争中の債務を利子すらも払わなかった。これに怒ったカルビン・クーリッジ大統領は、「彼らは金を借りたはずだが」と批判した。大多数のアメリカ人がヨーロッパでの戦争に介入しないことに賛成だったとしても、全く不思議ではない。これらの人々は正しい意味での不介入主義者であり、ルーズベルトの最も有能なゴースト・ライターの一人、シャーウッドがいったような孤立主義者などではなかったのである。

シャーウッドは、著書の中で次のように述べている。ルーズベルトは国内での強力な反戦気分を察知し、あえて正面からそれと衝突するようなことはしなかった。（中略）そのかわり、ルーズベルトはあらゆる方法を使って国中に警鐘を鳴らそうとした。たとえばドイツ空軍がデンバーを爆撃するだろうとか、ドイツの機甲師団がニューヨークを攻撃するためにアフリカからブラジルへ渡るだろうといったプロパガンダを用いた。

このような、政府による大がかりな宣伝工作の結果もたらされたヒステリーが、根拠もなしに、国民に不安感を植えつけた。それは、平和を愛するアメリカ国民をナチの空襲や機甲師団の攻撃といった作り話で刺激しようとするいまわしい試みであった（たとえば、ブラジルからアメリカまでは、ドイツからよりも遥かに遠いであろうし、北ブラジルの踏破不能の沼沢《しょうたく》地と森林を通ることは不可能なことであろう）。

またシャーウッドの著書を読むと、われわれはルーズベルトが公式ルート以外のルートを使った『外套と短剣[44]』（陰謀のメロドラマ）的な国際主義者だったということがわかる。その一つのルートがビーバーブルック卿[45]である。また、戦争が始まってからは、一千七百通にも及ぶ書簡がウィンストン・チャーチルと交わされている。その一部はまだ公開されておらず、幾通かの最も重要な手紙は決して日の目をみることはないであろう。

44）外套と短剣：（Cloak and Dagger）、直接的には格闘技において、片手で短剣を、別の片手で外套を巧みに使って格闘する場面を指すが、比喩的には陰謀を伴うスパイ・ミステリー・暗殺という要素を内包する情況や劇を意味する。元々は、ミステリー劇中の主要登場人物のスパイが外套を着て剣を携帯している演劇のジャンルを意味した。映画ではスパイ映画の『外套と短剣』（一九四六年　主演：ゲイリー・クーパー）が有名。

45）ビーバーブルック卿：（一八七九―一九六四）チャーチル政権下で航空機生産相を務め、エネルギッシュな活動力で戦闘機の生産数を飛躍的に増大させた。もともとの出身はカナダ生まれで、モントリオール証券取引所時代に株取引で成功し、資産家となった。後に英国に渡って男爵に叙せられた。

［解説・コメント］

●隔離演説

ルーズベルトの『隔離演説（Quarantine Speech)』とは、彼がシカゴで一九三七年一〇月五日に行った有名な演説であるが、ルーズベルトの信条をより理解するために知っておく必要があるだろう。本項でフィッシュが「隔離」という言葉を盛んに使っているのはこの演説を意識しての事と思われる。演説の詳しい内容はインターネットのサイト[46]で見ることが出来るので参照して頂きたい。演説の要旨は概略次の通りである。

「私は、この国の豊かさ、幸福、安全、そして平和な情況を見るたびに、これらと世界の他地域に広がる全く別の景色とを比較せずにはいられない。世界の政治情勢は近年悪化の一途を辿っている。ケロッグ・ブリアン協定（不戦条約）に示された高い志と平和への希望は、残念ながら二～三年前からの国際的無法状態の時代において災厄への恐怖へと変わった。

今や宣戦布告も警告も正当な理由もなしに女性や児童を含む一般市民が、空襲で容赦なく殺害されている。船舶も潜水艦によって撃沈されている。ある国々は、他国の内戦を煽動し加担しており、罪なき人々や国々を残酷にも力と覇権の貪欲さの犠牲にしている。

もしもこうした事態が世界の他の地域でも起こるならば、米国だけがあるいは西半球だけが

46）隔離演説：https://ja.wikisource.org/wiki/ 隔離演説

それを免れて、平穏かつ平和裏に倫理と文明の真髄を維持できることは不可能になる。そうなれば、兵器も権威も科学さえも価値を失い、全ての人間は大いなる混沌に打ちのめされるであろう。

単に孤立や中立を護るだけでは、そうした国際的無政府状態と不安定から逃れることは出来ない。平和を愛好する国々は、すべからく、こうした条約違反と人道的本能の無視に対して団結して反対せねばならない。

現代世界は連帯と相互依存で成り立っている。国際条約と国際道徳の尊厳の回復は、国民にとって重大な問題である。圧倒的多数の人々と世界の国々は貿易障壁の撤廃を求めており、軍用飛行機や爆弾や機関銃や大砲を生産するよりも商品の生産によって富を増やすことを求めている。ところが、世界の九十％の人々が望む平和と自由と安全は、今や国際秩序の破壊を目論む残り十％の人々によって脅かされつつあるのだ。

今や、世界的無法状態という疫病が広がりつつあるのだ。伝染病が流行し始めた場合には、共同体はその蔓延から共同体の健全性を守るために、患者を隔離して一般国民の健康を護るのである。

戦争というものは伝染病のようなものだ。我々は戦争に関わらないと決意したが、決意しただけでは戦争に巻き込まれる危険性から完全に逃れることは出来ない。われわれは平和維持に向けて、積極的に努力せねばならないのだ。米国は戦争を憎む。米国は平和を望む。故に米国は平和を求めて活発に取り組んでいるのである」

この中でルーズベルトが〝平和を乱す国々〟と呼んで非難しているのは、ドイツ、イタリア、及び日本のことである。この三国は、〝他国の内戦を煽動し加担しており、罪なき人々や国々を残酷にも力と覇権の貪欲さの犠牲にしている〟のだから、〝伝染病を隔離するように、隔離してしまえ〟と提案しているものだ。

冗談ではない‼　この隔離演説が行われた一九三七年というのは、盧溝橋事件、南京事件、通州事件、次項で述べるように、実は米国が実質的に日本に戦争を仕掛けた年でもあるのだ。日米間の戦争は一九四一年の日本の真珠湾攻撃で始まったものではない（！）のだ。

●一九三七年は米国が日本に戦争を仕掛けた年

これは、ある「密約」の存在を前提とした筆者の推測なので、証拠はない。米空軍を退任して蒋介石の顧問に就任したとされている後述のシエンノートは、実は中国空軍への現役・出向であり将来米空軍が何らかの形で行う軍事援助の指揮を執るという「密約」があったと筆者は推測している。

当時、在米中であった蒋介石夫人・宋美齢は完璧な上流英語を話し、ラジオにも度々出演して中国の危機を訴えて、米国の支援を要請していた。ルーズベルト夫人とも親しかった。宋美齢は米国陸軍航空隊の参謀クレア・L・シェンノート（Claire Lee Chennault）大尉と交渉して、雇い入れることに成功した。早速、蒋介石は彼を中国空軍参謀長・大佐の身分で遇した。

シェンノートは一九三七年に蒋介石配下に着任し、中國空軍の戦力を調査し、それまで爆撃機中心であったのを、戦闘機を増強したものに変える計画を蒋介石に具申した。それは蒋介石からルーズベルトに伝えられ、直ちに承認されて民間義勇軍の仮面をかぶった〝American Volunteer Group〟（AVG）俗称「フライング・タイガース」計画となった。なお、シエンノートはAVG計画には関わっていないという説もあるが筆者には疑問に思える。

米軍当局は、出向する全員に退役一時金五百ドルを支給し、軍務終了後は米空軍に復帰することを保証し、毎月六百ドルを支給することを約した。更に敵機（日本機）一機を撃墜する毎に五百ドルの報奨金を支給することを約した。こうして戦闘機百機、パイロット要員百名、及び地上要員二百名、合計三百名の航空隊が編成された。シエンノートと同航空隊は、いったん英国の植民地だったビルマに入り、ラングーンの北にあるキェダウ航空基地を基地として訓練をおこなった。開戦後には有名な加藤隼戦闘隊と戦闘を行ったという記録が残っている。

筆者が、密約が存在していたと推測する理由は主に下記の三点である。第一、ルーズベルトの陰謀癖は多くの面に発揮されていたので、フライング・タイガース航空隊が民間義勇軍を擬していたのと同様に、シエンノートの退役・顧問就任も擬態であったと考えるのが自然である。第二、出向命令で組織したこの規模の航空隊を、米空軍が指揮権を全く持たない民間の退役軍人に任せるなどはあり得ない。第三、日米開戦後に米空軍に復帰したシエンノートは直ちに准将に昇格し、その後も順調に昇進して退役までに中将まで昇りつめたのは、現役勤務が続行していたことの証拠である。

仮に密約が無かったとしても、フライング・タイガース航空隊の組織としての中国空軍への着任は真珠湾攻撃よりもはるか前だったため、先に戦争を仕掛けたのが米国なのは動かない。

同航空隊は一応は民間義勇軍の仮面をかぶっていたので、米国はペンタゴンや大統領とのつながりを表面的には否定してきた。ところが、一九九一年に同部隊の約百人の生存者が国防総省に史実を認めるよう請願して退役軍人として正式に認められた[47]。なお、戦後シェンノートは米空軍に復帰して准将に昇進し、一九四三年三月には少将に昇進した。そして退役時には中将になった。

フライング・タイガース航空隊の実体は初めから米空軍だったことを米国の国防総省自身が認めたのだ。これは米国（国防総省）がフライング・タイガース航空隊の中国空軍への着任により対日戦争に着手したことを正式に認めたことを意味するのであるから、日米関係の歴史においては極めて重要な出来事である。大東亜戦争における日米間の戦争の発端は一九四一年一二月の日本の真珠湾攻撃ではなかったのだ。

こうした一連の謀略は勿論、戦時国際法違反であるが、それだけではなく米自らの国内法、すなわち一九三五年の米国「中立法」への違反でもあった。米大統領が外国間の戦争状態が存在すると認めたとき、あるいは内乱が重大化したときには、米国は何人も交戦国や内乱国に、武器または軍需物資の輸出をしてはならないことを規定した法律[48]だ。

しかし、独ソ不可侵条約が締結されると、一九三九年中立法では、米国が欧州では英仏両国を援助し、太平洋地区では中国を援助して日本を制裁することが法的に可能になるよ

47）フライング・タイガース部隊の生存者が退役軍人に認定：一九九一年平成三年七月六日付のロサンゼルス・タイムズ紙報道。読売新聞も平成三年七月八日に報じた。
48）米・中立法：日本がシナ事変を現実には戦争であるにもかかわらず「事変」と呼んだ最大の理由は、この法があるためだったと言われている。

うに中立法の条件を緩和[49]・変更した。

米国が実質的に日本に戦争をしかけた一九三七年という年はどういう年であったかを知るために、中国で何が起きていたかを見てみよう。

先ず、この年の昭和一二（一九三七）年七月七日の夜に盧溝橋事件が起きた。北京南西郊の盧溝橋付近で演習中の華北駐屯日本軍一木大隊の中隊に対して十数発の弾丸が撃ち込まれたのである。日本側は中国国民党軍が撃ってきたと考えて、直ちに体勢を整えて応戦した。

しかし後に、奇妙なことに当の国民党軍も、日本軍同様に銃撃を受けていたことが判ってきた。この事件は中国共産党軍が仕組んだ謀略であったとの疑いが出てきたのである。中国共産党は以前から「対日全面抗戦」を呼び掛けていた。共産党の工作員が夜陰に乗じて盧溝橋付近に駐屯していた日本軍と中国国民党軍の双方に発砲したのではないかという疑いが強い。これを契機にやがて全面的な日中戦争にまで発展した。つまり盧溝橋事件とは、日本軍が中国共産党軍の謀略にかかって日中戦争に至ったものである可能性が非常に強いのだ。

盧溝橋事件の直後の昭和一二（一九三七）年七月二九日に通州（現：北京市通州区北部の中心都市）で事件が起こった。通州事件である。当時、通州には日本側に協力する自治組織があったのだが、その内の謀反分子が、中国側に寝返って、

49）中立法の条件緩和：昭和一二（一九三七）年の米・中立法改正においてルーズベルトはシナ事変を「戦争」とは認定せず、中立法の適用も拒否した。その結果、米国は対シナ軍事経済援助を自由にできることになった。しかし、日本に対しても商業ベースで大量の軍需品・戦略物質を輸出せざるを得ない立場に立たされた。米国のジレンマであった。第二次欧州大戦が勃発するとルーズベルトは議会の要請に従って直ちに中立を宣言するとともに昭和一四（一九三九）年に、議会に対して中立法改正を求めた。その内容は「侵略に対抗する民主主義国を援助するため」と称して交戦国への武器輸出禁止を撤廃するように求めたのである。そして、その年の五月にすでに期限の切れていた「現金・自国船」条項の再制定を要請した。かくしてルーズベルトは昭和一四年後半には、大西洋では英仏を援助し、太平洋ではシナを援助して対日制裁を強化する姿勢をあらわにした。

日本人を殺したのである。それもただの殺し方ではない。居留民三百八十五名のうち二百二十三名がむごたらしい殺され方をした。女性は老いも若きも全員が強姦された上で殺害された。殺害方法が猟奇的かつ残虐なものが多かった。

生き残りの安藤利夫氏によれば、強姦されて陰部にほうきを刺された女性の遺体、テーブルの上に並べられていた喫茶店の女子店員の生首、斬首後死姦された女性の遺体、腹から腸を取り出された遺体、針金で鼻輪を通された子供などが残されていたとのことだ。

南京大虐殺記念館において、日本軍がこれに類した残虐行為を行ったというウソだらけの展示を行っているが、中国人は、自分たちが持つこうした残虐性向を日本人も当然持っているものと思い込んでいるものだ。日本人は、たとえ親の仇であっても死者に対しては厚い畏敬の念を持っているから、必ず丁重に葬る。また日本人のＤＮＡには、女性に対して陰部に異物を押し込むなどのこうした猟奇的な残虐行為をする要素はない。

なお、通州事件の攻撃隊の主犯の張慶餘は、後に中国国民党軍に投じて、最終的には同軍の中将にまで昇格した。これらの一連の事件によって日本の世論は憤激し、中国に対する感情が悪化した。他方、中国全土においてもますます激しい反日・排日運動が繰り広げられるようになった。

同じ一九三七年に南京事件が起こっている。日中戦争初期の昭和一二（一九三七）年に、日本軍が南京市を攻撃・占領した際のことだ。中国軍の便衣兵、捕虜、および一般市民を大量に虐殺したのではないかという事件だ。日本軍は南京城を包囲して、翌日正午までに無血開城するようにとの投降勧告を行ったが、中国軍はこれに応じなかった。そのため、日本軍は一二月一〇日より総攻撃を開始して、同月一三日に南京城は陥落した。

中国軍の唐生智《とうせいち》最高司令官は日本軍の総攻撃前の一二月一二日に逃げ出してしまったので、中国軍の指揮命令系統は崩壊していた。組織だった降伏は不可能だったのだ。もし蒋介石なり唐生智なりが事前に無血開城を決心して、日本軍の投降勧告を受け容れていれば多くの人命は失われていなかった筈である。

南京城の内外に残された大量の中国軍の兵士は、軍服を脱いで便衣兵となり逃走をはかった。なお国際法では便衣兵は軍人としての交戦権を有しておらず、投降しても捕虜の待遇を受ける資格はなかった。戦闘を目撃した従軍ジャーナリストや宗教関係者は便衣兵の存在を知らず、それらに対する日本軍による掃討を「市民の殺害」と誤認した可能性がある。

これも同じ一九三七年のことであるが、仏印進駐が行われた。昭和一二（一九三七）年に盧溝橋事件をきっかけにしてシナ事変が勃発して以来、米英ソは蒋介石を支援するために大量の軍需品や石油などの支援物資を中華民国の蒋介石政権に対して送り込んだ。そのルートがいわゆる「援蒋ルート」で、仏印ルート、香港ルート、ビルマ・ルート、ソ連ルートがあった。勿論、交戦中の国に対して第三国がこうした行為をすることは戦時国際法違反である。

日本はフランス政府側に対しルートの閉鎖を強硬に申し入れ、「松岡・アンリー協定」が締結された。満洲では期待できない石油供給を南方に求めたものだ。仏印ルートを潰すための日本の仏印進駐は平和的に行われる筈だったが、一部の仏軍は頑強に抵抗したので結局武力進駐になってしまった。

ベトナム人の立場からいえば、侵略者である仏軍を撃退して解放したものだが、列強の立場から見れば日本軍の仏領インドシナへの侵略であった。これにより列強諸国は態度を硬化させ、結局ABCDラインによる石油の禁輸を含む対日経済封鎖を行うこととなったのである。


とにかく、第二次世界大戦において米国が日本に対して行った仕打ちを考えれば、よくもまあ〝日本を伝染病のように隔離してしまえ〟などということが言えたものだと、あきれかえるばかりである。彼の演説の前提を文字通りに受け取れば、隔離演説はかなり説得力がある。ただし、その前提が全て嘘でかためてあり、信条を実現しようとする手段が、卑怯で非合法的で残虐だったのだ。いくら立派なことを言っても、それを実現する手段が、汚くて品がない。

もっとも、この『隔離演説』は激しい非難を受けた。演説後、六つの平和主義団体がルーズベルトは米国民を世界大戦の道に引き込もうとしていると非難した。米労働総同盟は「米国の労働者は欧州やアジアの戦争に介入すべきではない」との決議を行ったほどである。ウォールストリート・ジャーナルは「外国への手出しをやめろ、アメリカは平和を欲する」という記事を掲載した。後にルーズベルトの腹心の部下となるハル国務長官も「隔離」や「伝染病」というレトリックは無用の反対をもたらしたとして批判した。

ただし賛成も多かった。ニューヨーク・タイムズやコロンビア大学のニコラス・バトラーから学長からは賞賛された。

■孤立主義と不干渉主義 (百二ページ)

［原文要約］

九十%のアメリカ国民の先祖は、旧世界での困難、貧困、戦争から逃れるためにアメリカへ渡ってきたのであるから本質的には、なんとしても平和を護りたいと願う不干渉主義の人々の筈だ。ところが第二次世界大戦に参戦するか、それとも中立を守るかについて意見が分かれてくると、好戦主義に傾いた政府は、不干渉主義者を〝孤立主義者〟と呼んで、誤った虚構の言葉のイメージを創りだした。

孤立主義者とは、他の国との貿易や外交関係を維持することに反対する人々のことであるので、この言葉には意図的に非難めいたニュアンスがこめられていた。しかし、アメリカ人の絶対多数は、孤立主義者などではなく不干渉主義者であったのだ。第一次世界大戦に対する幻滅から人々は、自分たちが攻撃されないかぎり、第二次大戦に参戦することにははっきりと反対したのだった。

政府が好んで使った「**妨害者**」「**ナチ**」「**ファシスト**」「**ダチョウ**」「**まむし**」「**孤立主義者**」といっ

た揶揄中傷は、国民を動かせなかった。なぜなら、ヨーロッパの争いやパワー・ポリティックスにまきこまれるべきでないというアメリカ国民の信念は、動かすことができなかったからである。

故ジョン・F・ケネディ大統領は「真実に対する最大の敵は、多くの場合、故意に巧みに作られた不誠実な嘘ではなく、まことしやかに繰り返される、説得力があり、かつ非現実的な神話である」と述べている。

また、エマソンも「われわれは時によって違った意見を持つことがある。しかし心の底では、いつも真実の側にいるといわれるようにしたい」といっている。

次に掲げるのはNBCラジオのために行なった私の演説の部分である。これが当時、アメリカ国民に意見を伝えるほぼ唯一の方法であった。

東部と南部の干渉主義的、好戦主義的新聞は、攻撃されない限り戦争にまきこまれたくないという絶対多数の国民の意見については、掲載する機会があっても、一行も載せないようだ。アメリカ国民は、東部の干渉主義的新聞、コラムニスト、好戦的な解説者、さらに映画産業によって自分たちの意見に反して戦争にひきずりこまれようとしてきたのを実際に見てきた。このようなためにする宣伝工作は国民の心中を寒からしめるものである。

すべてのアメリカ人は、戦争か平和かといった死活的な問題に対し、自由に堂々と自分の意見を述べる権利を有している。

もし、われわれが参戦すれば、戦争は五年は続くだろうし、毎年一千億ドルの費用がかかるだろうといったペッパー上院議員の意見に私も同じ意見であるし、また、多くのアメリカの母親たちが自分たちの子息を、未開のアフリカや茫漠とした中国で死なせたり、また、ソビエト・ロシアのためやヨーロッパを共産主義のものにするために、子息たちを戦わせたいと望んでいないと思う。他方、すべての母親たちは、合衆国と米州大陸を守るためならば喜んで息子たちの命を差し出すに違いない。

ルーズベルト大統領は、米国民主党青年部に宛てた手紙の中で、すべての孤立主義者が民主党を去ることを要求している。こんなことを聞いたら、民主党の創設者であるトマス・ジェファソンも墓の中で安らかに眠っていられないであろう。ジェファソンこそは、アメリカ史上、不干渉主義者として指導的役割を果たし、繰り返しヨーロッパの絶え間ない戦争にまきこまれないことを主張したのである。ジェファソンは民主党を創設したが、ルーズベルトはジェファソンの考えを根底からくつがえし、ジェファソンを唖然とさせた（訳注：英語の修辞 unfounded, or dumbfounded）。

（中略）

ルーズベルトの発言は、外国の戦争にわれわれがまきこまれるか否かという国民にとって、単独の問題としては、最も重大な問題に対し、見さかいもなく党派性を持ち込むものであった。民主党、共和党を問わずアメリカ国民の多数を代表する不干渉主義者たちは、自分の国を守ることには大変賛成である。ただ異なるのは、不干渉主義者は合衆国と米州大陸の防衛は望むが、世界の他の地域に戦争を求めて出かけることは望まないのである。

アメリカ国民は、憲法の定めるところに従って自分自身で自己の行く途を決定するべきである。もし、ルーズベルトが宣戦布告を議会に送ったとしても、四対一の大差で否決されたことであろう。すべての国民は、合衆国が陸・海・空で無敵であるべく軍備することに賛成である。そうすれば、われわれや南アメリカに対するいかなる侵略国の連合によるいかなる攻撃をも受けて立ち、打ち破ることができるからである。

わが海軍は、世界最大かつ最良で、ドイツ海軍の何倍もの規模であり、われわれに対するいかなる攻撃も成功しないであろうことを保障している。数年にして、大西洋、太平洋の両洋にまたがるわが海軍が完成されるであろうし、一年以内にわが陸軍には、この大陸に対するいかなるあり得べき侵略に対しても、十分に反撃できるだけの大砲、戦車、飛行機、対戦車砲、対空砲が装備されるであろう。

［解説・コメント］

この演説は、一口にいえば、ヨーロッパで戦争が勃発以来、合衆国で支配的であった広範囲の反戦気分を要約したものであった。

フィッシュは、ここで自分たちは不干渉主義者ではあるけれど、決して孤立主義者ではないと力説している。彼は、孤立主義者とは、〝他の国との貿易や外交関係を維持することに反対する人々のこと〟であると指摘し、自分達はそうではないといっているのだ。

たしかに語感としては、不干渉主義には相手の主体性を尊重して口出しをしないニュアンスがあり、孤立主義には他国がどうあろうとも自国さえ良ければ良いという利己主義的なニュアンスがある。しかし、孤立主義か不干渉主義かという分け方は、静態的《スタティック》な思考に過ぎない。

もし動態的《ダイナミック》に考えれば、不干渉主義は究極的には孤立主義に収束すると思われるので、どちらでも本質的な違いはないと筆者は考える。従って、フィッシュが自分たちは「孤立主義」ではなくて、「不干渉主義」だと力説しても、あまり意味がない。

●民主党と共和党の主義主張の交替か？

この演説を見ると、まるで民主党のオバマ大統領が約百年前の米国にタイム・スリップをしたかのような印象さえも受ける。その百年足らずの間に、共和党は不干渉主義の一国平和主義から積極的平和主義に衣替えをし、逆に民主党は積極的平和主義から不干渉主義の一国平和主義に衣替えをしたようだ。共和党と民主党が、主義主張を交換したようなものだ。民主党が弱気、消極的になり、共和党が強気、積極的になったということも出来るだろう。

民主党のジミー・カーター大統領（在任一九七七―一九八一）の時代には、ＣＩＡの予算と規模を削減したことにより情報収集能力が低下し、急速な軍縮を進めたことにより国際社会における米国の軍事プレゼンスが低下した。イラン革命やその後のイラン・アメリカ大使館人質事件及び人質救出作戦「イーグルクロー作戦[50]」の失敗、アフガニスタン紛争を許したことなどから、共和党からは「弱腰外交の推進者」と叩かれた。しかし、エジプトとイスラエルの間の和平協定を仲介して、一定の成果をおさめたことが再評価されつつある。退任後、ノーベル平和賞を授与された。

代わった次の共和党のロナルド・レーガン大統領（在任一九八一—一九八九）は、本格的な外国への武力侵攻をグレナダに対して行う等、あらゆる場面で強硬策をとった。フィッシュの時代の不干渉主義の共和党とは様変わりである。レーガンは、ソ連におけるデタント（戦争の危機がある二国間の緊張緩和）を疑問視して評価せず、ソ連を〝悪の帝国〟と批判し、〝力による平和〟戦略によってソ連及び共産主義陣営に対抗しようとした。

次の共和党のジョージ・H・W・ブッシュ（シニア）大統領（在任一九八九—一九九三）も積極外交を展開し、イラクのサダム・フセインの軍隊が隣国クウェートへ侵攻するや、国連を動かして多国籍国連軍を組織して湾岸戦争を行い、これに勝利した。しかし、この湾岸戦争は後に彼の毀誉褒貶《きよほうへん》が半ばする所以となった。

次に大統領になったのは、日本嫌いの民主党のビル・クリントン（在任一九九三—二〇〇一）であった。急進リベラルからは歴代の民主党政権の中では最も保守的とされたが、

50）イーグルクロー作戦：アメリカ各軍が四軍合同で一九八〇年四月に決行したイラン・テヘラン市内のアメリカ大使館人質救出作戦。米陸軍の対テロ特殊部隊デルタフォースの事実上の初陣で、輸送ヘリ十数機を使用して潜入をしたが、ヘリコプターの致命的なトラブルが生じて失敗に終わった。

一方で保守派からは「社会主義者」と呼ばれた。彼がセックス・スキャンダルにまみれて失脚するのを横目に見て、政権党が交替し、共和党のジョージ・W・ブッシュ（ジュニア）が次の大統領（在任二〇〇一―二〇〇九）になった。

ブッシュ（ジュニア）は、二〇〇一年九月に発生した同時多発テロ事件に遭遇するや、直ちに〝テロとの戦い〟を宣言して「愛国者法」を成立させた。そして、アフガン侵攻を行ってターリバーン政権を倒してアルカーイダを壊滅させ、オサマ・ビンラディンも殺して多発テロのかたき討ちを行った。更に二〇〇三年にはイラク戦争にも乗り出した。彼の大統領としての支持率は同時多発テロ直後は史上最高の九十％を記録した。しかし、再選後には批判が強くなって支持率が急落し、二〇〇八年には史上最低の支持率十九％を記録した。

そして、次の〝世界の警察官をやめる〟と公言した民主党のバラク・オバマ大統領に至るのである。彼は、それまでの共和党の大統領による政策に極めて批判的で、フィッシュと同様な不干渉主義、一国平和主義を唱えた。しかも、あらゆる面で優柔不断で消極的な姿勢を取ったので、結果的には国際社会における米国のプレゼンスを見る影もなく無くしてしまった。

●不干渉主義は、世界がネットワーク化している現代では通用し難い

筆者は、不干渉主義は、小国の場合ならばいざ知らず、米国のような大国の場合は取るべきではないと考えている（本書の「はじめに」の「不干渉主義（一国平和主義）か干渉主義（積極的平和

主義）か」の項をご参照願いたい）。

フィッシュの時代には不干渉主義は立派な考え方として通用したのかもしれないが、筆者は、経済、社会制度、政治、産業のすべてが有機的に繋がってネットワーク化している現在においては、一国平和主義は通用しなくなっていると考えている。

一国平和主義を貫こうとすれば、必ずそれを妨げて覇権を争う国が台頭してくる。米国に対する中国やロシアのようなものだ。一国平和主義は、その主義自体の中にそれを不可能にする自己矛盾を内蔵しているのだ。

いずれにせよ断言できるのは、どんな主義主張であろうとも、それを実行する手段はあくまでも公明正大で合法的なものであるべきということだ。いくら目的と主義が正しくて崇高なものであっても、残虐行為や公正さを欠く欺瞞を伴うものであってはならない。いわんや他国を犠牲にして、それを貫こうとするがごときは論外である。

■好戦派はどこから来たか（百七ページ）

［原文要約］

積極的国際平和主義の立場に立って、第二次世界大戦への参戦を支持していたのは（当時の）米国民の十五％に過ぎない人々であったという。では、それらの人々はどんなことを主張していたのであろうか。また彼らはどこから来たのであろうか。

彼らは、小規模だが潤沢な財政援助を受けたグループで、国際的な銀行家や、次に掲げるような北部の大都市の新聞を代表していた。

その新聞とは、『ニューヨーク・タイムズ』、『ニューヨーク・ヘラルド・トリビューン』（共和党系）『ワシントン・ポスト』、『ボルティモア・サン』、『ボストン・グローブ』、そして多くのフィラデルフィア発行の新聞であり、これらは絶え間のない介入主義者の宣伝工作の大きな源であった。これに加えて、ヨーロッパの人間との通婚や仕事上の付き合いから、北東部の裕福な社交界の一族は極めて親英・親仏的であり、彼らは人数は少ないが、発言力、財産、そして影響力もあった。

さらにそれから、いわゆる知識階層の中にも有力な参戦派がいた。ハーバード大のコナント、イェール大のセイモア、コロンビア大のニコラス・マーレイ・バトラー、プリンストン大のドッドなどの学長連がこれにあたる。

これら参戦派グループは小さいながら、金融界、新聞、ラジオに対し影響力を持っていた。しかし、これらにまして最も重要かつ効果的な参戦支持の感情は、南部諸州からきた。

南北戦争の際、英国が、南部の連盟を精神的に支援したおかげで、いまだに南部には英国に対してかなりの潜在的な同情と好意があった。さらに、参戦支持派の南部人の間には、別の英国との繋がりがあった。つまり、彼らの多くは英国系であった。そして、これにも増して重要なことは、彼らが筋金入りの民主党員であったということだった。

つまり、もし下院と上院に南部選出の頑固な民主党員たちがいなかったならば、ルーズベルトのなしくずし的な非中立的かつ好戦的な法案は、議会で否決されていたであろうということである。南部は、合衆国の中で最も好戦的な地域であり、しかも当然、民主党の大統領に従う傾向があった。南部出身の上院議員の中では唯一、ノースカロライナ州選出のロバート・レイノルズ議員のみが積極的な不干渉主義者であった。

彼は、恐れを知らず、率直であり、上院軍事委員会の議長として（議会の中で）重要な地位を占めていた。彼には自己の信念にもとづく勇気があり、ルーズベルトも彼を脅迫することはできなかった。

南部出身の議員たちは、ルーズベルトの参戦へしむけるための法案を可決させ、アメリカが戦争にまきこまれるようになったことに対し、まさに重大な責任があると言えよう。しかし、彼らに対して公平を期すれば、もし、合衆国やその軍隊に対して明確な攻撃がなされなかった限り、おそらく多く見積もって彼らの二割ぐらいしか、宣戦布告に賛成票を投じなかったであろう。

サム・ライバーン下院議員は、テキサス州選出の人好きのする有能な民主党員で、ルーズベルトと同様に国際主義者、干渉主義者であったが、たった一日すら兵役の経験はなかった。次の人々も兵役の経験はなかった。すなわちルーズベルトの分身ともいえるハリー・ホプキンス、左翼労組の指導者シドニー・ヒルマン、ヘンリー・A・ウォレス副大統領、クリフトン・ウッドラム、下院の他の議員たち。他方、共和党のほうにも、たとえばトマス・E・デューイーやネルソン・A・ロックフェラーといった人間がいた。特にこの二人は大統領になる野心を持っていたが、その野心は在郷軍人による反対投票で潰えていた。

北部と西部の民主党演出の議員は、徴兵法案に対する、私の志願制修正動議に対し、かなり、まとまった支持をしてくれた。この動議は二百七対二百十で下院を通過した。この動議は、徴兵法案の延長が最終的に決まった時、南部議員の支持を得て、二百十一対二百十で採択された。

国内では反戦気運があったのにもかかわらず、上下両院とも三分の二を民主党がしめていた議会内では情勢が異なっていたことについては、はっきりとした理由がある。議会の外に、そして議会の上に、天帝（訳注：インディアンの最高神、ここではルーズベルトのこと）とハリー・ホプキンス（筆者注：ルーズベルトの側近の実力者で商務長官）が立っていた。その力は、多くの民主党員を議会に送り込むのに大変役立った「税金を使って当選させる」計画によって裏付けられていた。二年ごとに選挙を戦わねばならない下院のこれら民主党員が、建前上、戦争にならないギリギリのところまで、すべての政策について大統領に二つ返事で従ったとしても、驚くに値しないことである。

［解説・コメント］

●南部諸州の英国への親近感

フィッシュは、参戦派なのは南部諸州出身者で、英国と深いつながりがあって民主党に所属しているルーズベルトの影響下にある人々であるという分析を述べている。参戦派の人は、全国民の十五%しかなく、富裕層であり、戦地には行ったことがないという、特殊な環境下にある人々であると指摘する。

ただしフィッシュにしても、南部出身の議員たちの全部が、何が何でも戦争をしたいと望んでいるわけではないだろうとの理解を示している。つまり自衛戦争ではない場合には、彼らの二割ぐらいしか宣戦布告に賛成票を投じなかったであろうと述べている。

フィッシュの、〝最も重要かつ効果的な参戦支持の感情は南部諸州からきたものであり、南北戦争の折に英国が南部を精神的に支援したおかげで、南部には英国に対してかなりの潜在的な同情と好意があった〟と言う指摘は興味深い。しかし、その後の米英関係を見ると、かなり変貌してきているようだ。

●英米関係の変貌

第二次世界大戦が勃発した当時の民主党は、英国に特別の親近感をもっていたということになるが、この現象も前述の共和／民主逆転の例にもれないのではないだろうか。オバマの民主党には、英国との関係においては、これまでの共和党政権とは一線を画そうとしている姿勢が見受けられる。

二〇〇九年一月にオバマが二期目の大統領に選出されたが、オバマは直ちにそれまでホワイトハウスの執務室に飾ってあったチャーチルの胸像を英国に返還してしまった。オバマの英国に対する姿勢の変貌を象徴的に表すといえる。この胸像はかつてブレア首相（当時）に贈ったものだ。これを返還するということは外交上極めて非礼なことなので、英国政府は困惑し、そして英国議会と英国民は憤激した。

ホワイトハウスには、飾り切れない外国からの贈り物を収める宝物館的なスペースがあるのだから、わざわざ、つっ返す必要はサラサラなかったのだ。オバマとしては、従来の共和党政権の姿勢は踏襲しないという方針を英国に具体的に示したかったのだろう。

また、八十七歳で亡くなったサッチャー元英首相の葬儀が二〇一三年四月一七日、ロンドンのセントポール大聖堂で営まれた。葬儀にはエリザベス女王と夫のフィリップ殿下、キャメロン首相、ロンドン司教をはじめとし、カナダのハーパー首相、南アフリカのデクラーク元大統領など約百七十カ国の代表が参列した。

しかしオバマも、オバマ政権の現役閣僚や補佐官は誰一人として出席しなかった。出席したのは、わずかにサッチャーが英首相であった時に米国務長官だったジョージ・シュルツ、レーガン政権時代の財務長官ジェームズ・ベーカー、チェイニー（前）副大統領、およびキッシンジャー（元）国務長官らのＯＢのみであった。

対照的に、これより先の二〇〇四年にレーガン元大統領が死去した時にはゴルバチョフ（元ソ連）大統領、ポール・マーチン（加）首相、シラク（仏）大統領、プーチン（ソ連）大統領を含む各国の要人が葬儀に出席した。英国からも、サッチャー氏の他に、チャールズ王子、ブレア英首相も出席した。重要な外交上の礼を欠いたオバマの姿勢は、極めて非礼であったと言われても仕方がない。

オバマは自らの黒人という出自から、人種偏見に満ち満ちたアングロ・サクソン主義[51]（米英関係はその権化と言えるだろう）に対する強い批判的精神を持っていたと思われる。おそらく、意識的に米英関係はもはや〝特別な関係〟にはないことを示したかったのだろう。しかし、特別な関係を否定する方法はいくらでもあった筈だから、こうした外交的非礼を持ってそれを示すのは、オバマの米国大統領としての品性にかかわる問題だった。

こうしたオバマの態度はイギリスを大いに失望させ、保守党ＣＷＦ会長のジェラルド・ハワース卿は、「現在のオバマ政権は世界が認めるサッチャー元首相の偉大な貢献に対して何も示してはいない。当時、サッチャー首相と努力を惜しまずに働いた関係者らは失望している」と述べた。

サッチャーの葬儀の直後の二〇一三年八月、英国は、シリア問題において軍事介入はしないと早々に議会が決定して米国を孤立させた。今までの英米の蜜月状態が終わりをつげたかと世界を驚かせた一幕であった。

細谷雄一慶應義塾大学法学部教授は次のように指摘[52]している。

51）アングロ・サクソン主義：the Anglo-Saxonism。米英両国のアングロ・サクソン人の人種的優越性に基づく文明論的イデオロギー。英国のジョセフ・チェンバレンやチャーチル首相は米英間の協力を推進することの重要性を強調した。チャーチルは、第二次世界大戦は連合国の勝利であると同時にアングロ・サクソン文明の勝利でもあったのだから、戦後世界もまた、米英を中心に構築せねばならないとまで述べたほどである。こうしたアングロ・サクソン主義が、一九八三年のフォークランド戦争や一九九一年の湾岸戦争の際の米英両国間の協力関係を支えていたと考えられる。

52）英米関係の変貌、参考：『米英関係とアメリカ外交―「特別な関係」の歴史と実際』細谷雄一（慶應義塾大学法学部教授。二〇一〇年より世界平和研究所上席研究員、二〇一四年より国家安全保障局顧問。）（http://www2.jiia.or.jp/pdf/resarch/h22_nichibei_kankei/08_Chapter1-6.pdf）Nicholas Watt, “Special relationships is over, MP say. Now stop calling us America’ s poodle” , The Guardian.

「二〇一〇年三月二八日、英国下院外交委員会は、その報告書の中で、『誤解を招く恐れがある』ので、英米間の〝特別な関係（Special Relationship）〟という言葉を使用しないことを提案した。そこでは、イラク戦争を経て、イギリスがアメリカの〝プードル犬〟とみなされることで『イギリスの名声と利益を深く傷つけている』ことが言及され、またそのような表現を用いることでイギリスが過剰な影響力を世界で行使できるという〝非現実的な期待〟を国民に与えてしまうと指摘した。

外交委員会のマイク・ゲープス委員長らは、経済や軍事力が衰えたイギリスは、『アメリカにとって、ほかの同盟国と比べて〝特別〟ではなくなった』と認めた。そして、アメリカと意見が一致しない場合には『進んでアメリカにノーというべきだ』と勧告する。その委員会で、〝特別な関係〟という言葉を用いる問題を指摘した中には、ブレア首相の外交担当補佐官で後に駐米英国大使となったサー・デイヴィッド・マニングも含まれる」

二〇一五年、中国が主導するアジア・インフラ投資銀行に英国は逸早く参加表明をして、これに反対する米国や日本を失望させた。その仇討ちというわけでもあるまいが、英国のEU離脱派が、〝EUを離脱しても米国との経済連携を推進すれば悪影響は少ないだろう〟との楽観論を述べたのに対して、オバマは訪英時に、〝英国は列の後ろに並ぶことになる〟と冷たく突き放した。米国はEUと交渉中の環大西洋

53）環大西洋貿易投資協定：米国とEUが締結を目ざして交渉している自由貿易協定。両者間の貿易、投資、雇用、情報の行き来をより自由にするために、関税撤廃のほか各種規制の統一や非関税障壁の削減を目ざしている。TPP（環太平洋経済連携協定）の欧米版とも言われている。米国はEUの遺伝子組換え作物の規制法制や、個人情報保護法制も規制緩和交渉の対象と考えている。一方、EUはアメリカ州政府の調達市場開放を要求しているほか、農産物や農産加工品の地理表示を厳格にするよう求めている。また自動車や化学薬品の安全基準の統一ルールづくりのほか、知的財産権の保護期間などについて交渉を進めているが、現状では両者の主張の隔たりは大きい。

貿易投資協定[53]（ＴＴＩＰ）の方を優先的に考えるので、英国がＥＵを離脱した場合でも英米間の経済連携交渉を優先扱いすることはない、列の後ろに並んで欲しいというものだ。

オバマからトランプに大統領が交代すると、こうした英米関係はどう変貌するのだろうか。英国では、人種差別的発言や行動は法律で禁じられているので、トランプ大統領の数々の歯に衣着せぬ発言は英国では驚愕の的であった。

しかし、トランプ大統領の「メキシコ国境に壁を作る」の言葉に象徴されているのはグローバリズムの否定だ。英国が欧州連合（ＥＵ）から脱退を決意したのも一種のグローバリズムの否定だ。両国には共通する意識が芽生えつつあるのは確かだ。トランプとしても今後の国際関係を泳ぎ渡るためには信頼できる同盟国を確保することは望ましい筈だ。おそらく、トランプ大統領はオバマが壊した英米関係を修復する方向に動くだろう。

■戦争に幻滅していた退役軍人たち（百十ページ）

［原文要約］

ルーズベルトと同じ民主党議員といっても、全員が戦争推進主義者であったわけではない。中でもインディアナ州のルイス・ラドロウは、最も勇気があって雄弁な下院議員であり、戦争に向けてのあらゆるステップに反対した。彼は戦争措置を含む議案には国民投票が必要である旨を提案し、もう少しのところで下院の投票で過半数の支援を得るところであった。政権側はやっきになってこの法案の可決を妨げたのである。

米国における主要な戦争反対論者は、次に述べるような人々や団体であった。

すなわち、ウィリアム・グリーンに率いられたアメリカ労働連盟、炭鉱労働者連合議長ジョン・L・ルイス、農業組合、カソリック、メソジスト、バプティスト、ルーテル派等の教会各派、女性の大多数、アメリカ第一会議などの平和団体、ノーマン・トマス、多くのリベラル派の人々、ドイツ系、イタリア系移民人口の大多数、ロバート・ウッド将軍、セオドー・ルーズベルト・ジュニア、後に在郷軍人会連盟会長となったハンフォード・マックニーダーなどの第一次大戦で輝かしい戦功を持ちながら、戦争に幻滅した多くの退役軍人たちであった。

これらの人々は、戦争よりも平和を愛するアメリカ国民の一般大衆と一体となっていたのである。

一九四一年六月二九日、共和党のハーバート・フーバー元（筆者注：前）大統領は、「スターリン支配下のロシアは人類史上作られた最も血に飢えた独裁恐怖政治の国家であるから、そのソビエト・ロシアの参戦は、干渉主義者たちの『合衆国は民主主義の原理と理想を守るために参戦すべきだ』という主張を崩すものである」と指摘した。

続けて、フーバーは、もしわれわれが参戦し、戦争で勝利を収めれば、どんなことになるかを、いみじくも次のように予言した。

「それは、われわれが、スターリンのためにロシアの共産党支配を確立させ、共産主義が世界中にさらに広がる機会を与えてやることになる」

モンタナの民主党員のベネット上院議員は、

「スターリンは、ヒットラー同様『血にまみれた手』をしており、合衆国は、これら残酷な独裁者たちが勝手に自滅し合うのにまかせておけばいいのだ」

と述べている。

また、のちに大統領になるハリー・トルーマン上院議員は、両独裁者を非難し、

「もし、ロシアが勝ちそうになったらドイツを援助し、ドイツが勝ちそうならロシアを援助すればいい」と言っている。

歴史を振り返ってみると、トルーマンは偉大な先見の明があったことになる。また、ウィスコンシン州のロバート・M・ラ・フォレット上院議員――私は、無数の都市で彼と討論会を行なったが――も、トルーマンと同じ見解であり、次のように述べた。

「そのうち国民は、ロシアで起こった秘密警察による粛清や、財産の没収、宗教に対する迫害、さらにはフィンランド侵略、膝を屈したがポーランドの半分とラトビア、エストニア、リトアニアのすべてを奪ったスターリンの貪欲な働きを忘れるように、申し渡されるだろう」

さらに、ラ・フォレットはソビエト共産主義の自由に対する脅威をも予見していたのだった。

［解説・コメント］

文中のウィスコンシン州のロバート・M・ラ・フォレット上院議員は、同名のロバート・M・ラ・フォレット（シニア）上院議員の息子で、共和党所属の上院議員だ。一時、進歩党に所属替えをして進歩党の大統領候補指名を受けたが、その後、また共和党に戻っている。第一次世界大戦、及び国際連盟に強硬に反対した。

安藤次男立命館大学名誉教授の論文[54]によると、ラ・フォレット（ジュニア）は米国の第二次大戦への参戦の可否について次のように述べている。

「もっとも重要な問題はアメリカの国益である。わが国の援助があろうとなかろうと、英仏が勝てばヨーロッパにおける民主主義が守られるとする根拠をわれわれはもっているのだろうか。

アメリカはかつて世界の民主主義を守るために英仏に加担したが、その悲劇的な結果はご存じの通りだ。英仏は戦後の数年間にはドイツ民主化のための努力を妨害した。だから英仏はナチズムのそしてナチズムがもたらしたすべての災厄の生みの親となったのである。

イギリスは日本が満洲に手を出したときに日本を支持し、それを止めようとしたアメリカに貧乏くじを引かせた。英仏はわれわれがムッソリーニのエチオピア侵略を止めようとした

54）立命館法学一九九六年一号（二四五号）「アメリカ孤立主義の転換と一九三九年中立法」安藤次男（http://www.ritsumei.ac.jp/acd/cg/law/lex/96-1/ANDOU.HTM）

ときにはかたらってエチオピア征服に同意を与えた。

それからミュンヘンだ。フランスが保護を約束していた民主的なチェコスロバキアは裏切られてヒットラーの配下に入れられてしまった。現在われわれは英仏が戦争目的だとしている「文明の擁護」という表面の下に何があるかを知らない。英仏はもし勝利したら一九一八年に彼らが書いたよりもっと恐ろしい条約を作るのではないか。

アメリカが戦争当事国の一方に加担するだけでは国外での民主主義を守れないことははっきりしている。アメリカが戦争に巻込まれたら国内の民主主義を破壊することになるのも明確である。参戦すればアメリカ自身の民主主義がまっさきに犠牲になり、かつて経験したことのない独裁政治に陥るだろう。

西半球は難攻不落である。アメリカが西半球防衛に必要な陸海軍と基地を提供すればいかなる国あるいは国々も攻撃することはできない。われわれはモンロー・ドクトリンを、諸外国が宣伝その他の手段で西半球に進入することを禁止するということを意味するものと解釈している。文明に奉仕するには戦争の局外に立つことが必要である。

戦争が終われば、アメリカは世界の救済者そして指導者の地位を手に入れることになるだろう。戦争が勃発したあとで武器禁輸を廃止すれば外国からはアメリカが戦争の一方の当事国に加担したとみなされることは間違いない。アメリカが戦争の局外に立とうとするなら、キャッシュ・アンド・キャリーの原則をすべての商品に拡大しかつ武器禁輸を継続することだ。武器禁輸を廃止することは、非中立であり、わが国の軍需産業のとてつもない膨張をもたらすだろう」

●不干渉主義か干渉主義か

不干渉主義（一国平和主義）と干渉主義（積極的国際平和主義）のどちらが正しいのかは、その時代における国際情勢、及び当事国の固有の事情によって全く異なるので一概には言えない。

筆者は、「孤立主義と不干渉主義」の項で述べたように、フィッシュとは立場を異にするが、積極的国際平和主義の方により共感する。オバマ大統領の消極的な無為無策ぶりが如何に世界平和を損ねたかを見るにつけても、その感を強くする。フィッシュの戦争反対論は、ともすると平和の重要性を説くばかりという気味があるので、現在の日本にはびこっている空想的平和論と共通する危険性の臭いすらする。

戦争よりも平和の方が良いのは決まり切ったことだが、平和を確保するためには戦争も辞さない姿勢を示すことが必要な場合もあるのだ。ただしルーズベルトのような卑怯な権謀術策には強い憤りを感じる。いずれにしてもこうした問題は一歩下がって考察する必要があるだろう。

国際情勢は、何時の場合でも先行きを正確に読むのはほとんど不可能だ。先行きの変化に影響を与える変数は無数にあるし、変数自身も、また変数同士の関係性の変化も、無限大だからだ。如何に対処すべきかは、結局は自己の信じる哲学に頼るしかない。その哲学は過去の歴史と、人間のあり様についての洞察から来る。もし外れたら自分の不明を恥じ、如何なる批判も甘受するという覚悟が必要だ。

干渉主義か不干渉主義かは長期的な歴史認識の上に立って判断しなければならないのだが、それはしばしば結果論で物をいうことになる。偶々、結果論で善とされることを事前に主張すれば先見の明があったと評価されるし、その逆であれば見る目がなかったということになる。ただし手がかりはある。絶対悪と考えられる要素を含む案件には反対し、絶対善と考えられる要素を含む案件を支持して推進すればよいのだ。

絶対悪とは、大量殺戮などの残虐行為、及び歴史が与える負の教訓だ。原爆投下、無差別爆撃、人倫にもとる虐殺などは、如何なる言い訳をしようともマイナス評価をプラスの評価に変えることは出来ない。

平川祐弘《すけひろ》東大名誉教授は、「黄色人種の日本に先に手を出させることで、米国民を怒らせて米国を参戦させ、連合国を勝利に導いたルーズベルトは悪辣だが偉大な大統領であったというのが私の歴史認識だ。ユダヤ人の絶滅を企んだナチス・ドイツを破るためには米国の参戦は不可欠だったからである」と評価[55]し、「(終戦直前に)原爆の威力をソ連に知らしめることが出来たために、その後の冷戦時代に起きたかもしれない大戦を阻止することにより少なくとも一千万人の人命を救うことになった」という趣旨を述べたことがあるが、筆者には承服できない(ただし同論文の他の部分は賛成だ)。

ルーズベルト大統領とチャーチル首相は一九四四年九月一八日にニューヨーク州ハイド

55)『戦勝国の歴史解釈に異議ないか』平川祐弘　産経新聞「正論」欄　平成二七年四月六日(http://www.sankei.com/column/news/150406/clm1504060001-n1.html)
56) ハイドパーク協定：一九四四年九月一八日、第二回ケベック会談の際にニューヨーク州ハイドパークにおいて、米ルーズベルト大統領と英チャーチル首相によって話し合われた秘密協定。

パークで会談を行って、核の開発と使用に関する基本方針についての「ハイドパーク協定[56]」という秘密協定を結んだ。この時に日本への原子爆弾投下の意志が示されて、核開発に関する米英の協力と将来の核管理についての合意がなされたと見られている。原爆投下には英国も関与していたのだ。

原爆投下計画の実行部隊としてルーズベルトは陸海軍から人材を集めて第五百九混成部隊を編成した。ポール・ティベッツ陸軍中佐が隊長に任命され、ユタ州のウェンドバー基地で原子爆弾投下の秘密訓練を開始した。ルーズベルトは一九四五年四月一二日に左眉の上に生じたメラノーマ（黒色皮膚癌）の脳と腹部への転移により急死してしまうが、当時のジェームズ・F・バーンズ国務長官が、副大統領から急遽大統領に昇格したトルーマンに計画を説明して計画を引き継ぎ、一九四五年五月には原子爆弾投下機の基地はテニアン島に設けられた。

何度でも繰り返すが、原爆投下、無差別爆撃などによる残虐行為は絶対悪であり、如何なる言い訳をしようともマイナス評価をプラスの評価に変えることは出来ないからだ。

原本中には、フーバー元大統領が「スターリン支配下のロシアは人類史上作られた最も血に飢えた独裁恐怖政治の国家である」と述べて、参戦反対の理由を明らかにしている箇所がある。しかしフーバーは、次項で述べる〝米国の政治的誤り十九項目〟と照らし合わせてみても、単なる空想的平和主義者ではなく、確固とした文明論的信念の裏付けがあってものをいっているのであって、フィッシュのいうような単純な不干渉主義者ではないことが判る。

第二次世界大戦以降における歴史認識の判断の基礎になる要素は、筆者の意見では、第一に侵略国家のソ連を助けることにならなかったか、第二に身勝手な中国の台頭を押さえることに役立ったか、第三に国際テロを行う中東のＩＳの脅威を放置しないモーメントがあるかどうかだ。この意味で、本項でフィッシュが指摘する通り、ルーズベルトの政策は結果論とはいえソ連の台頭を助けたことになったので厳しく批判すべきである。歴史は結果が全てであるから、結果論であったことは言い訳にはならない。

●フーバー（元）大統領が指摘する米国の政治的誤り十九項

ハーバート・フーバー（元）大統領は、その著書『Freedom Betrayed（裏切られた自由）』の中で、ルーズベルト及び米国が下記の十九の誤りを犯したと指摘[57]している。時代の関係で中東のテロ問題は入っていないが、フーバーの極めて適格な判断が示されている。

① 一九三三年の国際経済会議の失敗。フーバーと英マクドナルド首相が開催を計画していたが、ルーズベルトが引き継いで破壊した。世界のブロック経済化の一因となった。ハル国務長官はこれを第二次世界大戦の原因の一つとして批判している。

② ソ連承認。米国の歴代の四大統領と五国務長官が拒否してきた共産ロシアを、ルーズベルトが承認した。ソ連は約束を破って米国内で共産主義運動を開始した。

57）『日米戦争を起こしたのは誰か』加瀬英明・藤井厳喜・稲村公望　勉誠出版　二〇一六年　六十九〜百三十五ページ

③ ミュンヘン宥和の成功と失敗。ドイツがチェコのズデーテン地方の割譲を要求したのを、英仏伊独が協議の上承認した。この宥和主義によって直前の戦争を回避したが、結果的にはヒットラーとスターリンを潰し合わせる機会も潰したことになる。

④ 英仏による〝ポーランドとルーマニア〟への独立保証。英仏ともドイツの侵略を防ぐ力は無いのに両国に保証を与えたので戦争になり、結果的にソ連圏を広げてしまった。

⑤ アメリカの宣戦布告なき戦争。日本とドイツに対する戦争を指す。大統領選における不戦の公約違反である。

⑥ 注意深い忍耐政策（Watchful waiting）を取らなかった事。

⑦ ソ連共産主義を助けた事。一九四一年にヒットラーがロシアを攻撃した時にロシアを支援することにより、米ロが非公然の同盟関係になった。ヒットラーとロシアは互いに戦わせて自滅させるのが賢明であった。

⑧ 一九四一年七月の日本への経済封鎖。弾丸こそ撃っていないが本質的には戦争だった。ルーズベルトは側近からもそんな挑発は報復の戦争を誘発すると警告されていた。

⑨ 一九四一年九月近衛和平提案を拒絶した事。近衛提案は大幅譲歩のもので、満洲の返還すら可能性があり、駐日米大使も駐日英大使も受諾することを進言していた。しかしルーズベルトの真意は、条件交渉ではなく日本をしてハル・ノートを拒否せしめることであった。

⑩ 日本との三カ月の冷却期間を拒絶した事。一一月に天皇陛下が駐日米大使を通じて冷却期間

を置く提案を行ったが、ルーズベルトは拒否した。

⑪無条件降伏の要求。一九四三年一月二日にカサブランカでルーズベルトは無条件降伏に拘泥して、戦争を長引かせる結果となった。

⑫一九四三年一〇月のバルト三国とポーランド東部のソ連への譲渡。モスクワにおける連合国外相会議でロシアの要求を黙認したしたことにより、ソ連勢力圏の広域化を黙認した。他国の主権を全く無視している。

⑬一九四三年一二月、七つの国家にソ連の傀儡政権の押し付けを認めてしまった事。テヘラン会議でロシアの要求を黙認した。軍事的危険はなかったにもかかわらずルーズベルトとチャーチルは国際的道義を忘れた。

⑭ヤルタの秘密協定。一九四五年二月のヤルタ会談でスターリンの要求はエスカレートして十二カ国の独立に干渉することを要求した。ルーズベルトとチャーチルはこれを追認することにより致命的な間違いを犯した。

⑮一九四五年五—七月の日本の和平提案を拒否した事。米大統領は、ルーズベルトからトルーマンに代わっていた。ドイツは五月に降伏済で日本も既に白旗を掲げたに等しく、天皇の地位保全を認めさえすれば終戦は可能であった。

⑯トルーマンのポツダムでの決断。日本への最後通牒に、若し天皇制を認める条項を入れると日本が早期に受諾してしまい原爆を落とす機会が失われるので、敢えて入れずに無条件降

伏を迫った。日本は回答で天皇制を認めることを求めたが、トルーマンは原爆を投下後にはじめてこれを認めた。ポツダム合意の全てがスターリンへの全面的譲歩だった。

⑰原爆投下。米国の歴史の中で比較するもののない残忍な行為。

⑱毛沢東に中国を与えたこと。トルーマンは蒋介石を裏切って、全中国を共産主義者の手に委ねる路線を敷いた。これは事実上、満洲とモンゴルをロシアに渡したことになる。

⑲戦後世界に共産主義の種を撒いてしまった事。第三次世界大戦を引き起こすドラゴンの歯が世界の至る所にばらまかれ、何年もの冷戦が続くもとになった。

実に的確な十九項目の指摘である。歴代の政権の中で、ルーズベルト政権ほど、米国の国益を長期的に損じた政権は無かったのではないだろうか。ルーズベルトはスターリンという共産主義の妖怪の前に米国を抛《ほお》り出したのだ。日本も、その〝とばっちり〟を食らっている。その後の冷戦を経由した現在でも、米国はずるがしこいプーチンが指揮するロシアの脅威と台頭する中国の戦闘的姿勢を前にして頭を痛めている。ルーズベルトの責任は極めて大きい。

第五章　平和的仲裁か戦争か

■ダンチヒ問題とヒットラーの態度（百二十五ページ）

［原文引用］

この章のテーマは、あまりにも重要なので、省略なしにすべてが語られねばならない。

犠牲者、破壊度で史上最大であり、多くの国々に自由の喪失をもたらした第二次大戦の直接の原因に関するものだからである。この問題の重大さは、大戦の勃発を防ごうとした多くの政治家たちの努力とともに、歴史に記録されるべきである。

ウィリアム・L・シャイラーの『第三帝国の興亡』は、イギリス、フランス、ドイツの指導者たち、そしてローマ法王、ムッソリーニ、ベルギー国王、さらにはもうほとんど手遅れになった時期におけるルーズベルト大統領すらをも含む多くの人々による、このような破局を防ぐための努力を描くのに少なくとも五十ページを費やしている。

ほとんどすべての著名人たちが、ポーランドにドイツとの直接交渉に同意させて戦争を回避させせようとした。しかし、そこには一つの障碍物があった。ポーランドの外務大臣、ジョセフ・ベックは、当初、ドイツ側の主張を理解していたが、やがて全く役に立たない英国の軍事保障を得てから、完全に態度を変え、交渉に対し非常に強硬な立場を取るようになったのである。

ダンチヒは住民の九十％がドイツ人で、民族自決の原則に従った住民投票では絶対的多数がドイツへの復帰に賛成した。ドイツのチェコスロバキアに対する侵略は、情け容赦ないものであり、弁護の余地のないものであった。しかしナチス・ドイツがダンチヒとポーランド回廊（訳注：ベルサイユ条約により、ポーランドへ分割されたドイツ領プロイセンとドイツ本国との間を結ぶ地帯）の返還交渉を行ないたいとの希望は理解しうるものであり、英・仏によって第二次世界大戦の原因とすることが許されるべきものではなかった。

ダンチヒの復帰をめぐるドイツ・ポーランド間の直接交渉を遅らせ、妨げ、最終的に不可能とした真の理由はなんであろうか。

当時、英・仏は、首脳部を通じて、ダンチヒ問題を平和裡に解決するために、全権を与えられた使節を送るようポーランドに対し、要請していた。英・仏とも、もしドイツが、ポーランドに侵攻したら、ドイツに対し宣戦を布告する旨を、はっきりとさせてはいたが、チェンバレン首相は、極端に、局面の破局を恐れており、ケネディ駐英アメリカ大使を通じて、ルーズベルト大統領に対してすら、大統領がそのために影響力を行使するよう要請していた。

他方、ヒットラーも、英・仏を参戦させないために、ダンチヒ問題を平和的に解決することに熱心であった。ヒットラーは、ダンチヒに関して何らかの譲歩を考慮したり、問題を討議するために、全権使節を任命することすら拒否するポーランド側のかたくなな態度に非常に困っていた。八月二四日、彼はついに、ポーランド侵攻を命じたが、各方面から嘆願を受けて、最後の瞬間になって、命令を撤回したのであった。

英・仏両国からの必死の懇願、ローマ法王、ベルギー国王、米国大統領からのメッセージを受けて、ポーランド政府は、ようやく最後の瞬間になって、リブスキー駐独ポーランド大使を、フォン・リッベントロープ外務大臣に面会させ、ポーランドが、ドイツ側が提案した交渉の条件に関心があると申し入れさせることを許可した。

フォン・リッベントロープは、リブスキー大使に、「それでは閣下は、交渉の権限をお持ちでここへみえたのですか」と尋ねた。

そして、大使がそうでないことを認めると、それが平和維持のための努力の終わりであった。

あらゆる方面からもっと圧力をかければ、ポーランドが交渉に応じたであろうことは明らかであり、もう数日待つことができず、力ずくで問題を解決しようとしたヒットラーが、究極的には責めを負うべきであろう。しかし、ベルサイユ条約体制の最後の清算であるダンチヒ問題に関して、譲歩を考えることすら拒否したポーランドも責めを受けるべきである。特にほんの六日前に、ヒットラーが、ソ連と不可侵条約を結び、今や、明らかにソ連は、ドイツに味方するであろうという悲痛な事実があったことを考えれば、（ポーランドの頑固さは）残念なことであった。

［解説・コメント］

この項はフィッシュが、〝あまりにも重要なので、省略なしにすべてが語られねばならない〟とわざわざ断っているので、本書においても全文を引用、掲載した。本書の「はじめに」において述べた事項の再論になるが、重要なのでお付き合い願いたい。

フィッシュの『もし、ダンチヒ問題が解決されていたならば、少なくとも、第二次大戦の開戦理由は、消滅していたであろう』に続く言葉は誤りであるといわざるを得ない。すなわち、『私は、今となって考えれば考えるほどダンチヒとポーランド回廊を、ドイツ第三帝国に返還していれば、第二次大戦は回避し得ただろうと確信している。……（そして）ヨーロッパは、この破滅的戦争から救われたであろう』、『（ドイツ側の主張）もしイギリスがポーランドに白紙小切手を切ったりしなければヒットラーは、ダンチヒ問題を、イギリスが介入しないという前提で、なんとか平和裡に解決し得たであろうということである』という言葉だ。

フィッシュが言及したシャイラーの『第三帝国の興亡』（The Rise and Fall of the Third Reich）は、アメリカ合衆国出身のジャーナリストで現代史家であるシャイラーが一九六〇年に発表したナチス・ドイツの誕生から滅亡までを綴った歴史書である。第十二回全米図書賞を受賞したベストセラー図書だ。シャイラーが膨大な資料と豊富な取材経験を駆使して描いた第一級の歴史ノンフィクションとして高く評価されている。

英仏に対してあれほど対独強硬策を唱えていたルーズベルトさえもが、ポーランドに対しては最終的な段階においてではあるが態度を一変して譲歩を要請し、ドイツに対しても（ケネディ駐英米大使の要請に応じてではあったが）ポーランド侵攻を考え直すように要請していたことは、それまでのルーズベルトの好戦的な動き方から考えると若干奇異に思えるし、意外でもあった。

フィッシュは、日米間の戦争の開戦責任は専らルーズベルトとその一派による卑怯な権謀術策によると断じている（筆者も賛成であるが）のと対照的に、ここでは欧州戦線の開戦責任は多くの要素による複合的なものであると論じているのは注目に値する。

主要な責任はもちろんヒットラーのナチス・ドイツにあるとしても、民族紛争と領土問題の歴史的経緯に対してポーランドが特別な考慮をせずに、ルーズベルトの扇動に乗った英・仏からの軍事的支援の保障をあてにして、現実的な対応をしてこなかったことにもかなりの原因があると、フィッシュは考えているようだ。しかし、それは「はじめに」において述べたように大戦の「引き金」に過ぎなかったのであり、大戦の「理由・原因」ではなかったと考えるべきである。

つまりフィッシュは、ポーランドの方も、譲るべきは譲ってもう少し柔軟に対応した方が良かったのではないかとの意見だ。これはルーズベルトが強烈に英・仏に対して批判してきた宥和政策の方が、一見敗北主義に見えるかもしれないが、むしろ現実的で穏当であったのではないかということに通じる。

ポーランドは結局ドイツに蹂躙されたあげく、大戦終戦後もそのまま半世紀もの間ソ連の支配下に置かれてしまった。こうした経緯を考慮すると、当時ドイツとソ連に対抗するだけの十分な自衛力を持っていなかったポーランドとしては、譲歩はやむを得なかったのではなかったか。

譲歩を行うべきであったという一点に関しては、筆者にも異論はない。しかし、たとえポーランドが譲歩を行ったとしても、それは一時的な平和しかもたらさなかったであろう。歴史に〝もし〟はないので、その通りだったかもしれないが、そうでなかったかもしれない。

●ポーランドが柔軟な姿勢を取っていても大戦は起こったろう

たとえ一時的な平和でも、貴重なものだ。しかし、ヒットラーの狂気と、それを支えるドイツの組織と制度、ベルサイユ条約体制に対するドイツ国民の怨念は、そのまま残っていた筈だ。たとえポーランドが譲歩しても、その後、ドイツが民族浄化とホロコーストを行って、欧州全土を恐怖に陥れたという歴史の大きな波を変えることにはならなかったと、筆者は考えざるを得ない。

ポーランド首脳部が英・米・仏に煽られたからなどというのは言い訳にも何もならない。どの道ポーランドは自国の独自の自衛力が効果的に働く範囲内の平和しか期待はできなかったのだ。畢竟《ひっきょう》、力が支配する国際関係においては、正義とか道理とかの精神主義は全く通用しないものだということを、そろそろ日本国民も理解すべきだ。

日本の憲法は、この世の中にありもしない「平和を愛する諸国民の公正と信義」を信頼して、「われらの安全と生存を保持」（前文）しようとするがごとき愚かなことを国民に押し付けており、「陸海空軍その他の戦力は保持しないし国の交戦権も持たない」（九条二項）などという自殺を強要されるに等しい屈辱的な条文を含んでいる。七十年以上も昔に連合軍が日本に押し付けた憲法を、そのまま有り難くいただいたままでいるなどという屈辱を何とかしないといけないのではないか。

「九条の会」の、〝日本平和国家であることが判れば、攻めてくる国はない〟などというおめでたい主張や、「集団的自衛権は是とするにしても歯止めが必要だ」などという空想的平和主義からは早々に脱却すべきであろう。自衛は国の全力を挙げて必死に行わなければならないものなのだ。「専守防衛」などと気取っている余裕はない。フィッシュが強調したいのも、そういう国際関係の本質的な性格ではないだろうか。

■避けられたポーランドの共産化（百三十七ページ）

［原文引用］

（当時のポーランドは）西部国境にはヨーロッパ最強のドイツ軍がひかえ、東部国境では、膨大なソ連軍がひかえているという、言葉で言い表せないほど戦慄すべき情況だったにもかかわらず、（筆者注：ポーランドの）ベック外務大臣や他の政府首脳が、この軍事情勢について、かくも完全に判断を誤っていたとは、ほとんど信じ難いことであった。

当時イギリスは、たった二、三個師団しか動員可能ではなく、ポーランドを軍事的に助けるために、空気銃やかんしゃく玉を提供することすら不可能であった。英・仏に対し、公平を期すれば、英・仏両国とも、（筆者注：実際には）ポーランドに戦争を強いたりはしなかった。

（筆者注：事実問題としては）両国の有する外交力を行使して、ポーランドに対し、ダンチヒ問題に関し返還交渉に応じるよう説得に全力を費やしたのであった。

ダンチヒは、ドイツ人の街であり、もしドイツ側に返還されたならば、ドイツは、ポーランドの独立と統一を保障する条約に署名するのに同意していた（筆者注：であろう）ことを考えると、交渉の受諾はポーランドの名誉を傷つけるものではなかった。

軍事的見地から考えて、ポーランドの否定的な態度は、ほとんど理解し難いものがある。特にポーランド国民は、ベルリンのナチ政権よりも、モスクワの共産主義政権をよりいっそう嫌っていたことを考えると、同国の指導者、軍上層部の政策は無益で、悲劇的であった。

ビルスドスキー元帥は、ポーランド史上、最も偉大な英雄であり、政治家であるが、もし彼が生きていたならば、ダンチヒを返還してドイツと和解し、ポーランドの独立と統一の保証をドイツから取りつけたであろう。それは、ビルスドスキー元帥が親独的だからではなく、彼がソ連を知っており、共産主義を恐れ、憎んでいたからである。

ポーランドにとって不幸なことに、元帥は、第二次大戦の始まる五年前に、この世を去っていた。元帥は、ヒットラーすら一目置いていたほどの強力な指導者で、偉大な軍事的指導者であった。

私は、数多くのポーランド人亡命者たちと話したが、彼らは一致して、もしビルスドスキー元帥が健在であったら、ダンチヒ問題は平和的に解決され、ポーランド侵攻も、第二次大戦も、共産主義者による一万二千人のポーランド軍士官の虐殺も起こらず、自由なポーランドも共産化しなかったであろうという意見に同意した。

一九三九年八月の時点で、最も重要で議論の的となった問題は、ダンチヒ自由市の地位であった。このドイツ人の街の回復は、ヒットラーとドイツのめんつにとって不可欠の条件であったのだ。ダンチヒに対し、ドイツが正当な権利を有することは、すべての人々――ベック外相ですら、しぶしぶと――が認めていた。多分、そのために、ベック外相は、手遅れになるまで、ドイツと交渉するのを避けようとしたのであろう。

数カ月後、自由を愛するバルト海諸国は、フィンランドを除いて、ソ連に支配され、しばらくして共産主義化されてしまった。このことを、私は数年にわたって警告し続けていたのだ。つまり、いったん戦争が始まるならば、貪欲な共産主義者の禿鷹が舞い降りて来て、東ヨーロッパの血塗られた屍体を浚って行くだろうということである。

もしポーランドが、ダンチヒと回廊の返還に応じていたとすれば、どうなったか考えてみよう。ベック外務大臣は、返還に応じる意思があった。しかしルーズベルト大統領とポーランド軍の将軍たちが、手遅れになるまで、それを妨げたのであった。

ダンチヒをドイツへ返還していれば、ナチス・ドイツは、ポーランドへ侵攻する口実を失い、独

ソ不可侵条約から方向を変え、ポーランドの共産化を防いだであろうし、ヒットラーのポーランド在住ユダヤ人の絶滅政策を未然に防いだであろう。

［解説・コメント］

フィッシュが、この期に及んで、〝英・仏両国とも、ポーランドに戦争を強いたりはしなかった。ポーランドに対して、ダンチヒ問題に関し返還交渉に応じるよう説得に外交的に全力を費やしたのであった〟などと述べているのは極めて奇異に響く。

ここまでのフィッシュの主張の論調は、〝ルーズベルトが英仏に対して対独交渉を強硬な姿勢で行うように扇動した。英仏はそれに乗せられてポーランドに対して支援の保証を与えて強硬な姿勢を取ることを勧めた。そしてポーランドはそれをあてにしてドイツに対して強硬な姿勢を取り続けた。ポーランドの判断ミスは、そうした国際情勢の動きに幻惑されたものであり、それが第二次世界大戦の発端である〟と主張してきた筈だ。

いずれにせよ、筆者はこれまでに延べてきた幾つもの理由によりポーランドの強硬姿勢が大戦の原因であったという見方には賛成できない。ドイツをして第二次世界大戦に突入せしめた理由は、ポーランド問題だけではなく、第一次世界大戦後の処理（ベルサイユ体制）に対する不満、ドイツに課せられた巨額の賠償金、民族浄化の野望（ユダヤ人問題）、その他多くの複合的な要因であったと考えるからである。これは現在の国際政治学におけるほぼコンセンサスを得ている見解である。ダンチヒ問題をここで整理しておこう。

●世界大戦の〝原因の一つ〟、ダンチヒ問題

ここでフィッシュは重要な指摘を一つ行っている。それは、ルーズベルトの英仏に対する働きかけ（英国へのそれをフィッシュは〝脅迫〟と称している）の結果、英・仏は、自らはドイツの侵略を止める実力もないくせにポーランドに対してあらゆる支援（軍事的支援を含む）をするとの確証を与えたという。

英・仏はなにしろ、〝空気銃やかんしゃく玉を提供することすら不可能であった〟程度の実力しかなかったくせに、出来もしない軍事的支援を与える約束をし、それをあてにしたポーランドが強硬策に出たためにドイツの侵攻を惹起したという指摘だ。しかし、本章では英仏は最後には態度を変えて、ポーランドに対して柔軟な姿勢をとるように説得を続けたと述べている。

しかし結局、ポーランドはダンチヒ（グダニスク）問題の穏健な解決を拒否し、これが世界大戦の重要な誘因の一つとなったとフィッシュは言う。本項でフィッシュはポーランドの判断ミスを責めており、その判断ミスが結果的にソ連圏の拡大を資するものとなってしまったという。ポーランドに判断ミスがあったのは事実であったにせよ、そうした環境を作ったのは米国、英国、そして仏に大きな責任があったことを忘れてはなるまい。

フィッシュは序章において、これによって英チェンバレン首相がポーランドに与えた保証は、彼等を「実際に勇気づけ、結果として彼らは、英・仏の援助の約束にたよりつつ、ダンチヒ（グダニスク）問題の平和的解決を拒否した」と述べている（序章の「世界大戦への重要な誘因」の項参照）。ダンチヒ問題を考察するに当たっては、ダンチヒが自由都市であったことの意味を考えなければならない。一般的には、第二次世界大戦の発端は、ドイツがポーランドの一地方都市であったダンチヒの割譲を要求してポーランドを攻略したことにあるかの如き印象を与えているが、若干ニュアンスが異なる。ダンチヒは国際連盟の保護下にあった自由都市であり、ポーランドにとっては殆ど外国であったのだ。

そもそもダンチヒが自由都市と呼ばれるようになったのは、この地区がナポレオン戦争中の一八〇七年にナポレオンにより半独立の州として設立されたからである。当時は、自由都市ダンチヒの領土はプロイセン王国（ドイツ統一王国の中心勢力）の一部とされて、農業が盛んなヴィスワ川河口と、ヘル半島、ヴィスワ岬の南半分にあるダンチヒ地方の都市で構成されていた。欧州中を蹂躙したナポレオン戦争がナポレオンの敗戦によって終結し、その後の欧州の秩序を決める一八一五年のウィーン会議において、ダンチヒは再度プロイセンに併合されて西プロイセンの州都となった。ダンチヒ自由都市の人口は、当時約三十五万人で、そのほとんど（九十％以上）がドイツ語を話すドイツ系の住民でドイツ国籍を持っていた。

住民は自由都市の形成によりドイツの国籍を失ったが、州の成立の最初の二年間はドイツ国籍を再取得する権利を与えられた。つまりダンチヒは、もともと広域ドイツ圏に属していたのだ。第一次大戦後にそれが変更になったのである。

第一次大戦後の秩序を決めたベルサイユ条約の第百条から百八条はダンチヒに関する条項である。条約では、ダンチヒが国際連盟による保護下にあること、ダンチヒをポーランド関税領域に組み込むこと、等が定められている。ダンチヒ自由都市は、ポーランドにとっては外国であるので関税同盟を結んでいた。ダンチヒが徴収した関税は一旦ポーランド政府へ納入して、そのうちの一部がダンチヒへ還付された。

一九三九年に至りポーランドとドイツの緊張関係は頂点を迎えた。当時、ダンチヒ自由都市の内部にはナチス党政府が成立しており、ドイツ系住民とポーランド系住民との間には各所で衝突が起こっていた。ダンチヒ工科大学からはポーランド人の生徒は全てポーランドに追い出されてしまったほどだ。

ハーバート・フーバーはその著書『Freedom Betrayed（裏切られた自由）』の中の米国が犯した十九の失敗の第四番目に「英仏がポーランドとルーマニアに独立保証をあたえたこと」を掲げて、「ヨーロッパの外交史の中でも、力関係の外交を見た場合、史上最大の失敗であった可能性が高い」とまで言っている（第四章の筆者のコメントの「この時代の米国の不干渉主義」の項参照）。

■第二次大戦を避けえたならば（百四十ページ）

［原文引用］

ヒットラーは、避けられるものなら、スターリンと同盟しなかったであろう。しかし結果としては、チェンバレン英国首相の誤った政策（筆者注：融和政策）は、好戦主義者の術中に陥ることになり、首相自身の平和への希望そのものを挫折させてしまった。

多くの先見性のある保守党の人々もそうであったが、ロイド・ジョージ[58]は、この罠に気づいていた。つまり、このような英国のポーランドに対する公約は、英国の重大な利益にどういう結果をもたらすかに関係なく、英国を戦争にまきこむだろうということである。しかし、どうしてダンチヒ問題が、文明的な国の間で行われる調停により解決され、第二次大戦を回避し、何百万人もの最良のヨーロッパの青年たちを死と戦傷から救うことができなかったのであろうか。もし、ダンチヒ問題が解決されていたならば、少なくとも、第二次大戦の開戦理由は、消滅していたであろう（筆者注：これまでに何度も指摘した通り、ダンチヒ問題〝だけ〟が大戦の理由ではない）。

ヒットラーとスターリン、ナチズムと共産主義は、遅かれ早かれ、しかし確実に破壊的な消耗戦を互いに始めていたであろう。そして、ヨーロッパの人々は、絶え間ない戦争の

58）ロイド・ジョージ：David Lloyd George（一八六三―一九四五）。英国の貴族。一九〇五年以降の（英）自由党政権下で急進派閣僚として社会改良政策に尽くした。彼の主導によりイギリスに老齢年金制度や健康保険制度、失業保険制度が導入された。第一次世界大戦中の一九一六年にアスキス首相が総辞職したに代わって首相に就任した。強力な戦争指導体制と総力戦体制を構築してイギリスを勝利に導いた。

脅威から守られ、ヒットラーとスターリンという二人の残虐な独裁者たちが、互いに殺し合うのを観ていたことだろう。もしそうだったならば、イギリスもフランスも参戦せず、平和と自由と民主主義が西ヨーロッパのいたるところで栄えていたであろう。

私は、今となって考えれば考えるほどダンチヒとポーランド回廊を、ドイツ第三帝国に返還していれば、第二次大戦は回避し得ただろうと確信している。もちろん、誰も、ヒットラーの将来の行動を保証はできないが、しかしどんなに考えてみても、ヨーロッパは、この破滅的戦争から救われたであろう。

ヒットラーとスターリンは、互いに殺し合い、ポーランドは、中立でいるか、もしかしたらソ連に対抗して、ドイツと同盟していたかもしれない。そしてヒットラーの命による、六百万人のユダヤ人の虐殺は、避けられたであろう。

これは本当にそうなったかもしれない。もしそうだったならば、ヨーロッパは戦争の苦しみから救われ、アメリカも、戦争にまきこまれずにすんだ。そしてそうすれば、多分、東ヨーロッパの共産化も防げ、現在、世界の自由と平和を脅かしている共産主義者の強力な世界的陰謀の伸張も防げたであろう。

もし、ヒットラーがスターリンとの戦いに勝ったならば、彼は、生きている間は、東ヨーロッパとソ連を、完全な支配下に置いたであろう。しかし、彼には数多くの敵がいたので、この頑固で残忍な独裁者が、長続きできた可能性は、非常に小さかっただろう。

ドイツ側の主張は、次の通りである。つまり、もしイギリスがポーランドに白紙小切手を切ったりしなければヒットラーは、ダンチヒ問題を、イギリスが介入しないという前提で、なんとか平和裡に解決し得たであろうということである。一九三九年三月二一日、ベルリンで、フォン・リッベントロープは、リプスキー駐独ポーランド大使を呼び出し、ダンチヒ市は、ポーランド回廊とともにドイツに返還されることを希望する旨を伝えた。

しかし、一九三九年五月五日、ポーランド政府は、英国政府の保障の覚書を得た後、フォン・リッベントロープの提案を拒否した。こうして、「油は、火にそそがれた」のであった。このポーランドの拒否とほとんど同時に、ヒットラーは、一九三四年に合意されたドイツ・ポーランド不可侵条約の終了を宣言した。

彼はまた、英独海軍協定も破棄した。

今や、ほとんどの人々は、ダンチヒを第三帝国へ返還せしめようとすることはドイツにとって正当な目的であったと認めている。しかし残念なことに、なんの役にも立たない白紙小切手が～戦争の始まる二週間前の一九三九年八月一六日、私が列国議会同盟総会でしようとし、ほとんど成功しかけた～平和的解決の妨げとなっていた。

［解説・コメント］

フィッシュの歴史観を考察するために、この項も省略や要約なしに全文を引用、掲載した。筆者は、これまでに度々述べているように国際政治の動きや国際関係の変化が如何にして生じるかについて、幾つかの点でフィッシュとは見解を異にする。フィッシュの見解は現在の国際政治学のレベルにおけるコンセンサスとも、かけ離れている。

本書の「はじめに」の「フィッシュの歴史観と国際政治論・批判」の項で述べたが、フィッシュの見解は、目に見える目先の現象に捉われ過ぎており、目に見えないが大きな歴史の潮流が歴史の底に存在することを看過している。ハーバード大学で歴史の講師の地位をオファーされたことがある[59]ほどのフィッシュらしくない国際関係論上の初歩的な間違いだ。

ドイツのダンチヒ割譲要求とそれを拒否したポーランドの強硬姿勢は、たしかに第二次世界大戦の〝引き金〟ではあったが、必ずしもその後に続く大戦の原因ではなかった。引き金は、大戦勃発のタイミング、場所、方法に大きな影響を与えるが、〝理由や原因〟ではないから、それがなければ大戦もなかった筈だ、という程の影響力はない。

筆者は、ナチス・ドイツにはポーランドに侵攻するはるか以前から、欧州中に戦争を仕掛けて地図を書き直してしまおうという程の大戦略があった筈だとまで断定するつもりはない。始めはそんなつもりはなかったが、戦争を徐々に拡大して行く中で戦略的意図も徐々に拡大していったのかもしれない。いずれにしても、戦争をひきおこす必然性を含む大きな流れが底流に存在する限り、何時かは、何処かで、何らかの別の形で、そして別の引き金を契機として、戦

59）次項「干渉政策の忌むべき証拠」参照。

争が勃発してしまったに違いないと考えている。
特にユダヤ人難民問題に付いてフィッシュは、〝(もしポーランド問題が穏便に解決がついていてさえいれば)ヒットラーの命による、六百万人のユダヤ人の虐殺は、避けられたであろう〟とまで言っているが、筆者は同意できない。この問題に付いては本章の最後の項の「ユダヤ人虐殺に無関心だった大統領」において、詳細に考察する。

■干渉政策の忌むべき証拠(百四十三ページ)

[原文引用]

ポーランドの、緩慢な行動は、第二次大戦を発火させるスパークの役割を果たした。ルーズベルト大統領は、平和のための偉大な功績者となるチャンスがあったが、彼は、チェンバレン(英)首相の要請を拒否し、事態の解決を遅らせたので、第二次大戦の勃発を防ぐために何もすることができなかった。

当時のルーズベルトの対ポーランド政策は、一九三〇年代、ポーランドの駐米大使であったイエルジー・ポトツキーの報告に詳しい。

この報告は、ワルシャワで、ドイツ側に押収されたポーランドの外交文書の中から見つかり、後に、当時、南米に住んでいたポトツキーにより確認されたものである。

以下の発言は、一九三九年一月一六日、ルーズベルトのヨーロッパにおける重要な代表であったウィリアム・C・ブリット（駐仏米大使）が、パリに帰任する際に、ポトツキー（駐米ポ大使）と会談した時に（ブリットにより）行なわれたものである。

「英仏は、全体主義国家と、いかなる種類の妥協もやめなければならないというのが、（筆者注：ルーズベルト）大統領の確固とした意見である。領土的変更を目的としたどんな議論も許されてはならない。合衆国は、孤立政策から脱却し、戦争の際には英仏の側に立って、積極的に介入する用意がある旨を道義的に確約する」

これこそが、介入を約し、ダンチヒ問題に関して、いかなる平和のための妥協に対しても、はっきりと反対した、ルーズベルト大統領の戦前の干渉政策の忌むべき証拠である。ルーズベルトが、一九三九年の初めから〝全体主義国家との、いかなる種類の妥協もやめなければならない〟として、英仏に対し、影響力を行使していたのを証明しているのだ。ブリット（駐仏米）大使は、合衆国は、

「戦争の際には、英仏の側に立って、積極的に介入する用意がある」

ということを、確約しているのである。

ブリット（駐仏米）大使の発言は、アメリカの干渉主義者たちが、ヨーロッパで戦争が勃発する前に主張していたことを、まさに裏づけるものである。それはまた、もしルーズベルトが、余計な介入をせず、英仏を戦争に追い込まなかったならば、ヨーロッパで戦争は起きず、ダンチヒ問題も、

平和的調停により解決されていたであろうとする、対ルーズベルト非難が正しかったことを証明するために極めて重要なものである。

チェンバレン英国首相とジョルジュ・ボネ仏外務大臣の二人も、ドイツに対して戦争を起こすよう、ルーズベルトからの圧力があったことを公に認めている。

このブリット（駐仏米）大使との会談についてのポトツキー（駐米ポ）大使の報告は、ルーズベルト大統領が、ブリット（駐仏米）大使を通じて、また直接チェンバレン（英）首相に対して、強力な戦争を起こすための影響力を行使したことの明確な証拠の一つである。

合衆国大統領が、ヨーロッパの政治に直接介入し、平和ではなく、戦争を推進したのはアメリカの歴史が始まって以来の出来事である。

私は、歴史と行政学で優等の成績で卒業した後、ハーバード大学の歴史の講師の地位をオファーされたことがある。今では、それを引き受けなかったことを後悔している。しかし、私は議会の外交委員会に二十年間籍を置き、わが国の外交政策に関しては、だいたいフォローしてきていた。その中で、合衆国大統領が、大使やその他のチャンネルを使って、ヨーロッパで戦争を起こそうとした例は知らない。われわれの大統領は、全員が不変の政策として、平和に賛成であった。かつて戦争を煽動したり、推し進めようとするために、自己の影響力を用いたような大統領はいなかった。

ルーズベルト大統領が、ヨーロッパで、枢軸勢力に対抗するために、戦争を使嗾したということは、ブリット駐仏米大使の行動と発言やジョルジュ・ボネ仏外相からの手紙、またチェンバレン英国首相からケネディ大使に宛てた同様の発言、フォレスタル海軍長官あての同趣旨の発言――これは長官の日誌にも引用されている――からも明らかである。

また、第三章で引用した、ピアソンとアレンの書きものは、どうやってルーズベルト大統領が、チェンバレン（英）首相にドイツとの戦争を強いたのかを教えている。

これらすべての記述は、ルーズベルトが、英・仏・ポーランドをヒットラーと戦わせようとして、影響力を行使したことを証明しているのだ。

［解説・コメント］

フィッシュは、「合衆国大統領が、ヨーロッパの政治に直接介入し、平和ではなく、戦争を推進したのはアメリカの歴史が始まって以来の出来事である」といって、ルーズベルトを非難している。本書の「はじめに」の「不干渉主義（一国平和主義）か干渉主義（積極的平和主義）か」の箇所で述べたことの繰り返しになるが、全ての戦争が悪いわけではない。自衛戦争や平和を実現しかつ維持するための戦争もあるのだ。ルーズベルトのやり方は、あらゆる面で卑怯で犯罪的であったので糾弾されるべきではあるが、誰もが不干渉主義で何もしないのでは、ヒットラーの狂気を押しとどめることは出来なかった筈だ。

更に、前項の［解説・コメント］において述べた通り、ダンチヒ問題は第二次世界大戦の原因ではなく、切っ掛け（スパーク）に過ぎなかったのである。従って、たとえ米国がこの切っ掛け問題を解決することに首尾よく貢献できたとしても、第二次世界大戦そのものを防ぐための役には立たなかったと考えるべきだ

フィッシュは、「第二次大戦の勃発を防ぐために（ルーズベルトは）何もすることができなかった」といっているが、米国はどのみちドイツの世界戦略や民族浄化計画（ホロコーストに至る）を阻止するほどの深い洞察に基づく戦略を持っていなかった。

たとえ戦略を持っていたとしても、不干渉主義が大勢であった米国内の環境では、その方向に向けて米国内と諸国を説得することが出来なかった。だから何も出来なかったのはやむを得ないことで、当たり前の話なのだ。その意味で、せっかくのルーズベルトの積極的国際平和主義は、戦略的な方向は正しかったにしても、戦術的には全くの見当違いで卑怯かつ忌むべきものだったと言わざるを得ない。

もし米国が直接にドイツと戦ってドイツの世界戦略を潰したのであれば、大戦は起こらなかったかもしれないし、ホロコーストも無かったかもしれない。それが無かったのは本当に残念だ。しかし後述するように、米国はドイツがそのような世界戦略を持っているとは想像だにしていなかったし、ユダヤ人難民問題に至っては意識すらしていなかったのだ。

ブリット駐仏米大使が明言しているように「（米国は）戦争の際には英仏の側に立って積極的に介入する用意がある旨を道義的に確約する」といっていた。それにもかかわらず、米国の介入はあ

まりにも遅かったし、当初は小規模かつ小出しに過ぎた。

米国が介入に乗り出したのは一九四一年一二月の日本の真珠湾攻撃以降であったし、それも日本軍の太平洋方面における抵抗が予想外に激しかったので、一旦、欧州に向けた戦力をアジアに向け直したりしたので、後れを取った。ドイツはそれまでの間に、思うがままに欧州全土を蹂躙して回ったのである。

フィッシュは、「もしルーズベルトが余計な介入をせず、英仏を戦争に追い込まなかったならばヨーロッパで戦争は起きず、ダンチヒ問題も平和的調停により解決されていたであろう」といっているが、全然、違うでしょう！

ダンチヒ問題は平穏に乗り切れたかもしれないが、これは大戦の〝切っ掛け〟に過ぎなかったのだから、大戦そのものを食い止めたことにならなかった筈だ。

■誰がヒットラーの気持ちを変えさせたのか（百四十六ページ）

［原文要約］

考えてみれば、ポーランドと全東ヨーロッパの運命が、ダンチヒという小都市のために犠牲とならなければならなかったのは、言いようもなく悲劇的なことであった。ほとんどのアメリカ人は、ダンチヒなんて聞いたことがなかった。

第二次大戦は、不必要で誰も望まなかった戦争であり、史上、最も破壊的かつ破滅的な戦いであった。そして、それは百万人以上のヨーロッパの人々、つまりポーランド、チェコ、ハンガリーのみならず、バルト諸国、バルカン半島の国々にとって、自由の終焉であった。

大戦中の駐米イギリス大使であったロージャン卿は、一九三七年六月二七日（筆者注：ドイツのポーランド侵攻は一九三九年九月一日）、チャタム・ハウスで行った講演で、次のように述べた。

「民族自決の原則は、かつてドイツにとって不利な形で適用されたが、もし逆に、ドイツの利益となるように適用されたならば、それは、オーストリアのドイツへの再統合、ズデーテン地方、ダンチヒ、そしておそらく、メーメル（筆者注：リトアニア領）のドイツとの合併を意味するだろうし、さらにシュレジア（筆者注：ポーランド南西部からチェコ北東部）とそれにアクセスするための回廊について、ポーランドとある程度の調査がなされることを意味するだろう」

ロージャン卿は、すぐれて知的であり、情報通であり、愛国的な英国人であって、この発言を、ダンチヒをめぐる危機が起こる二年前に行なっていたものだった。

戦争というものは、明らかな作為、不作為、あるいは引き延ばしによって起こる。

第二次大戦の破局は、ジョセフ・ベック（ポ）外相に大きな責任がある。彼は引き伸ばし作戦をとり過ぎて事態を手遅れにしてしまったのだ。ポーランド政府は、ダンチヒ返還問題に関してドイツと直接かつ穏健に交渉するようにとの、英国の外務大臣ハリファックス卿、及び駐独イギリス大使ネヴィル・ヘンダーソン卿（著者注：駐独フランス大使とボネ仏外務大臣から助言を受けていた）からの要請に従うことを拒否したのだ。ヘンダーソン（駐独英）大使にいたっては公然と、ドイツの提案は、公正で合理的なものであるとまで発言していた。

恐らく、ベック（ポ）外相は、情勢の深刻さを理解せず、戦争を阻止するのに手遅れになるまで、直接交渉を引き延ばした責任を自ら負ってしまったのだろう。

次は『ニューヨーク・デイリー・ニュース』紙の一九四〇年六月の社説である。

「われわれが目撃したフランスの崩壊は、歴史上、最も悲劇的な運命のいたずらである。その著書『我が闘争』の中で、ヒットラーは、東方へ、ロシアへ進出したいと述べている。ヒットラーの目には、ウクライナは、ドイツ人にとって、植民して農工業を発達させるのに理想的な場所に映ったのだった。同じ本の中で、ヒットラーは、英国については、好意的な言葉で何ページも費やしている。つまり、いかに彼が、イギリス人をドイツ人と同じく優秀な民族であると考えているか。危機に際し、イギリス人が、どんなに恐るべき戦士であるか、そして、ドイツは、いつもイギリスと同盟者でいたいと真剣に望んでいるといったことである。

『我が闘争』は、フランスに対しては、いくつか厳しい言葉を費やしているが、西方防壁の構築により、ヒットラーは、フランスと戦うつもりのないことを示していた。

去年の八月、ヒットラーは、まだ東方へ進出しようとしていた。しかし連合国が、彼が東へ進出するのを許さなかったのだった。連合国は、ヒットラーに、西に来るように主張し、そしてヒットラーは西へ来た。復讐の念を持って」

この指摘は、なんと当たっていたことであろうか。この『ニューヨーク・デイリー・ニュース』紙の社説は、戦争中のヒステリックな状況の中で、まさに一片の真実と先見の明を示したのである。一体、誰がヒットラーの気持ちを変えさせたのだろうか。誰が、彼に西へ進出するよう仕向け、この破滅的結果をもたらしたのか。

それは、ルーズベルト（米大統領）、ブリット（駐仏米大使）、チャーチル（英首相）、イーデン（英外相）、ヴァンシュタート（男爵・英国外務主席参事）、エイモリー（英国保守党、インド担当相）、ダフ・クーパー（英国保守党、陸相）、ダラディエ（ドイツに宣戦布告した時の仏首相）、ベック、スミグリー・リッツ元帥（開戦時のポーランド軍元帥）らであり、奇妙なことではあるが、ネヴィル・チェンバレン英国首相すらも、そのそしりを免れない。

つまり、イギリスの首相は、ドイツとの侵略に対する支援の保証を与えることを強制させられてしまったために、その責めを負ったのである。

［解説・コメント］

同じ趣旨の話を繰り返すのは申し訳ないが、フィッシュが原本で繰り返し述べているので繰り返しコメントせざるを得ない。フィッシュは本項の冒頭で『考えてみれば、ポーランドと全東ヨーロッパの運命が、ダンチヒという小都市のために犠牲とならなければならなかったのは、言いようもなく悲劇的なことであった。ほとんどのアメリカ人は、ダンチヒなんて聞いたことがなかった』と述べている。

しかし、前述の通りダンチヒ問題は大戦のきっかけではあったが原因ではなかったのだから、〝欧州諸国がダンチヒという小都市のために犠牲と〟なったということはない。欧州諸国は、ドイツの世界戦略の犠牲になったのであって、ダンチヒの犠牲になったわけではない。同様にフィッシュの、〝第二次大戦の破局は、ジョセフ・ベック外相に大きな責任がある〟というのも間違いだ。この点は、フィッシュは少々しつこい。

現在では、問題のズデーテン地方はチェコ、メーメル地方はリトアニア、シュレジア地方はポーランドとなっている。第一次大戦前には、それぞれオーストリア・ハンガリー帝国、プロイセン王国で、ドイツ系住民の多く住む地域だった。第一次世界大戦後の秩序を決めたベルサイユ条約の無理が、このような形で妥協されていることになる。

■〝自由なポーランド〟の悲しい終焉（百四十八ページ）

［原文引用］

私は、ドイツのポーランド侵攻の前夜ダンチヒにいた。それは、ちょうどオスロでの会議後、フィンランド、エストニア、ラトビア、リトアニアを廻って、帰国する途次であった。

私はそこで長年の友人でもあるアンソニー・ビッドル駐ポーランド米国大使に電話をかけた。彼は、さっそく私をワルシャワに一週間招待してくれた。

これ以上魅力的な申し出があろうか。彼は、明るくて人好きのする人柄で、きっと大変に楽しいホスト役を務めてくれたことであろう。しかし、私は彼に、またとないオファーであるが、戦争はたぶん、四十八時間以内に始まりそうで、もしそうだとすれば、パリにいる家族と合流するには大回りして、コンスタンチノープル（イスタンブール）経由で船で帰らねばならなくなると伝えた。

彼は、戦争なんか起こり得ないだろうということを繰り返し強調した。しかし私は、彼の知らないことを知っていたのである。ビッドルは、明らかにブリット（駐仏米）大使が、戦争に向けてポーランド政府に働きかけているのに気がついていなかったのだ。

ビッドル（駐ポ米）大使は、人望のある大使であり、ポーランドをドイツと戦わせようとすることに明らかに責任はなかった。

戦争は、それから二日以内に始まった。それは自由なポーランドの悲しむべき終焉であった。ナチの狼と共産主義の狼が、それぞれポーランドを西と東から引き裂いたのである。

私は最近、私のファイルの中で、ハーバート・フーバー元大統領からの興味深い手紙を見つけた。

ドレイク・ホテル、シカゴ
一九四〇年二月一一日

親愛なる議員殿
私が、昨夜、ここで行ったスピーチの関連部分のコピーを送らせていただきます。

これは貴兄が、深く関係されている問題についてお話ししたいと思います。

「今晩、私は、緊急の課題についてお話ししたいと思います。現在、われわれは、ポーランドの人々の苦しみをいかに軽くするかという大きな問題に直面しております。ポーランドでは、筆舌に尽くし難い破壊と苦しみが生じています。何百万人の人々が、食料、衣料、そして風雨をしのぐ場所を必要としています。国民の善意でもってできることは、何でもしなければなりません。しかし、特にポーランドは、次の収穫の時期までに、大量の食糧を外国から輸入する手段を講じなければならなく、それには恐らく、二千万ドル近くかかると思われます。慈善は、大きな助けとなり得ますが、飢餓は、政府の協力によってのみ防ぐことが可能なのです。

この政府の協力を確かなものとするために、私は昨年秋、ポーランド救援委員会を組織する活動に参加しました。この委員会の、第一の目的は、ドイツ占領下のポーランドの人々のために働くことであります。委員会は、マコーミック氏を会長に迎え、モーリス・ベイト氏に采配をふるっていただいております。このおふた方は、一九一九年のポーランド救援活動の際にも、たいへん上手に活動を組織して下さっております。

この問題がたいへん重要だということを皆様にご理解いただかねばなりません。そして救援活動を成功させるためには、次の二条件が満たされなければならないのです。

第一条件、ドイツ占領下のポーランドへ物資を送るためには、英国の海上封鎖を通過しなければならないのですが、それには英国に対し、これらの物資はポーランドの人々のもとへ送られるのであり、敵側の手にわたることがないということが保障されなければなりません。

第二条件、すべての物資は、ドイツ領内を通過せねばならず、ドイツ当局が、必要な保障を与えるよう協力しなければならないのです」

［解説・コメント］

ポーランド人が、権力に飢えたナチの独裁者を信用しなければならないいわれはないが、ダンチヒ問題に関して、直接にドイツと交渉するようにという英・仏両国の政府からの要請をポーランドが拒否した結果は、自由世界にとり、堪え難いほどの悲劇をもたらした。そして、モスクワの共産主義者たちのみが、唯一の勝者となったのだった。

ブリット（駐仏米）大使が仏当局とポーランドに対して、対独交渉は強気で臨むようにと画策していたのに、その詳細と進展を当事者国に住んでいるビッドル（駐ポ米）大使が全く知らず、「戦争なんか起こり得ないだろう」とフィッシュに対して繰り返し言っていたという。全く危機感がない。これは誠に奇妙な話で理解し難い。

同じ米国大使であっても、ブリット（駐仏米大使）がルーズベルトに近く、ビッドル（駐ポ米大使）はルーズベルトの政敵に近いとでもいう事情があったのだろうか。在欧州の全部の米大使間での、情報交換や相互の情勢分析会などは全くやっていなかったのだろうか。

ポーランド駐在の米国大使ですら開戦の可能性を全く感じとっていなかった位だから、ポーランド当局及び国民にとってはドイツの突然の侵攻は寝耳に水だったのではないだろうか。

フーバーの演説は何を言わんとしているのか、フィッシュが何を言わんとしてここに引用したのか、正直言って筆者には良く判らない。フーバーがポーランドの窮状に同情して救援活動に参加しているということ、およびその活動には色々な制約が伴っているという情報を伝えようとしているだけなのだろうか？

■ユダヤ人虐殺に無関心だった大統領（百五十二ページ）

［原文引用］

一九四三年の初めに、私はヒットラーの非人道的な人種差別政策とドイツ、ポーランドにおける、何百万人にものぼるユダヤ人のガス室での殺戮を非難する決議案を議会に提出した。

これに対して、国務省はよくわからない理由から、虐殺について何も知らないと主張して、全世界の国々にユダヤ人に対する残虐に反対するよう呼びかけようという私の提案の採択を妨害したのだった。その時には、ヨーロッパ中の国が、すでにヨーロッパのユダヤ人に対する残忍な虐殺を知っていたのだ。しかるに、ルーズベルトの国務省は、説明のつかぬ、わけのわからぬ理由で、私の提案に反対したのだった。

ベン・ヘクト[60]は、その自伝の中で、次のように述べている。

「ルーズベルト大統領が、ユダヤ人の虐殺を防ぐ人道主義のために、指一本上げなかったこと、ユダヤ人の置かれた境遇に対して消極的なコメントを繰り返したこと、史上最悪の大虐殺に対し無関心だったことは――」理解し難い。

ヘクトは続けて、

「ルーズベルトの首席秘書官でユダヤ系の、デビット・ニイルズから、大統領は（筆者注：ユダヤ人問題には関心が薄いので）ドイツのユダヤ人殺戮を非難するような演説や声明を発表したりしないだろう。ということを知らされた」

60）ベン・ヘクト：Ben Hecht（一八九四―一九六四）米国の著名な脚本家、劇作家、小説家であり、映画プロデューサーでもあった。劇作家としての代表作には、チャールズ・マッカーサーとの共作、『フロント・ページ』がある。更に『犯罪都市』、『ヒズ・ガール・フライデー』、『フロント・ページ』、『スイッチング・チャンネル』などがある。ユダヤ人問題に関心が深く、ナチスの迫害によるユダヤ人犠牲者を追悼するショーの脚本、「We Will Never Die（決して死なない）」を書き上げた。このショーは全米の都市で上演されて、ヨーロッパの残留ユダヤ人を救済するようワシントン政府に圧力をかけるための運動に発展したほどである。

とも書いている。

われわれは、ベン・ヘクトの勇気のみならず、彼の、この問題に対する先見性を高く評価しなければならない。彼は、『次の事件』と題された、一幕物の劇を完成しようとしていた。それは、ルーズベルト大統領が歴史の証言台の前に立たされ、お前はユダヤ人を救うために何をしたのかを述べさせられるのである。

そして（劇中では）ナチの火葬場から蘇った十二人のユダヤ人が、事件を裁く陪審員を務めるのだ。ヘクトは、ビバリーヒルズ・ホテルで、この原稿を書き終えた時、ちょうど、ルーズベルトの死亡が発表されたのを、ラジオで聞いたのだった。

私は、ベン・ヘクトを心から尊敬する。彼は、ルーズベルト大統領は、世界中の人々と、中立国であろうとなかろうと、すべての国に対し、ナチス政権（ヒットラー）にその絶滅政策を止めるよう要求する、人道的なアピールを行うべきであり、さもなければ全世界が道徳的汚名に苦しむことになると主張するだけの、先見の明と勇気を持ち合わせていたのである。

もしホワイトハウスから、そのような声明がはっきりと発表されていたならば、ヒットラーの誇大妄想を止められたかもしれないし、少なくとも、ヒットラーの残虐さについて、おそらく全く知らない、ドイツ、ポーランド国民に、真相を教えることができたであろう。

アーサー・D・モースが書いた、アメリカ人の冷淡さと無関心の記録である『六百万人が死んでいった』の第一ページには、次のように書かれている。

「一九四四年一月、ルーズベルト大統領は、『わが政府によるユダヤ人虐殺の黙認』と題された、秘密の覚書の恐るべき結論部分を提示された」

「この報告の裏にある、ショッキングな経緯は、それまで完全な形で公表されたことはなかったのだが、それはわれわれの政府、特に国務省の、ナチのジュノサイド（大虐殺）に対する恐るべき無関心と無神経さをあばき出している」

以下は、モースの本の三十四ページからの引用である。

「連合国による宣言が考慮中であった時、ニューヨーク選出のハミルトン・フィッシュ下院議員は、国務省へ電話をかけて、大量虐殺に関しての報告について問い合わせ、さらに国務省は、ナチの行為を阻止するために何か考えはないか尋ねた。

フィッシュは、孤立主義者であったが、『ニューヨーク・タイムズ』に寄せられたピエール・ヴァン・パーセン[61]の手紙に、心を動かされたのだった。ヴァン・パーセンは、ナチズムを、間近に目撃してきたジャーナリストであるが、彼は次のように述べたのだった。

『今、この時、無抵抗の無実のユダヤ人たちが、毎日、何千人も殺されていくのに対し、沈黙を守るのは、基本的な人類の連帯に対する裏切り行為であるのみならず、血に飢えたゲシュタポが身の毛もよだつような殲滅計画を続けるのに対し、白紙委任状を与えるのに等しいのである』

そして、フィッシュの国務省への電話は、リームスに回された。フィッシュが、ヴァン・パー

61）ピエール・ヴァン・パーセン：トロント・スター紙の著名な記者、ジャーナリスト

センの書いたものに関して意見を求めると、この『ユダヤ人問題』担当官は、本件は、現在、検討中であり、ナチの虐殺に関する報告は、確認されていないと回答したのだった」

そして、同じ本の九十五ページには、

「合衆国在住の、四百万人以上のユダヤ人の間にも、少なからぬ不安があった。しかし、何をすべきかについては、何か行動をすることを不可能とするような意見の食い違いが存在したのであった。国中のあちこちで、散発的な集会が開かれていた。一九四三年に開かれたうちで最大の集会は、ニューヨークのマジソン・スクエアー・ガーデンでの会であった。公園内に二万人、その外に、さらに三万五千人の聴衆が集まり、アルフレッド・E・スミス元知事と、ロバート・F・ワグナー、ニューヨーク州選出上院議員のナチの人種差別政策批判の演説に耳を傾けた」

「しかし、ホワイトハウスは、こうした国民感情に対し、誉めも批判もせず、慎重に沈黙を守っていたのだった。他方、議会の意見の大勢は、ハミルトン・フィッシュ議員の意見支持に傾いていた。フィッシュは、ユダヤ人グループの権利を擁護し、ドイツで行われたユダヤ人に対する迫害に抗議したのであった」

（著者注・私は、決して、孤立主義者ではなく、八十五％のアメリカ国民と同じく、外国での戦争に介入するべきでないという非介入主義者である）。

英国下院では、リバプール選出のシドニー・シルバーマン議員が、アンソニー・イーデン外務大臣に対し、ドイツがすべてのユダヤ人を東ヨーロッパへ追放し、彼らの殺害を計画しているという説の真偽を質問した。

それに対し、イーデン外相は、

「その通りであります。占領下のヨーロッパで、ドイツの支配の下に置かれているユダヤ人が、野蛮で非人道的扱いを受けているということに関し、最近、信頼すべき報告が政府に届いていることを、議会の場でご報告申し上げねばならないのは、たいへん遺憾なことであります」

と答えた。

貴族院でも、ハーバート・サミュエルズ卿[62]が、

「これらの恐ろしい出来事は、人類に対する故意に計画された残虐さの結果である。これに唯一比類する事件は、五十年前のアルメニア人の大量虐殺[63]のみである。この事件は、全文明国の憤慨をまき起こし、オスマン・トルコの没落の原因の一つとなったものである」

と述べている。

一九四三年の初めには、世界中のすべての国と政府が、ヒットラーのユダヤ人撲滅政策を知っていた。ルーズベルト大統領と国務省は、恐るべき虐殺行為を容赦なく政界の耳目に曝すべきであったのだ。フィッシュの提

62）ハーバート・サミュエル：Herbert Louis Samuel（一八七〇—一九六三）英国の政治家、子爵。熱心なユダヤ教徒でもあった。一九二〇—二五年の間、英国委任統治領パレスチナ初代高等弁務官。

63）アルメニア人の大量虐殺：十九世紀末から二十世紀初頭に、オスマン帝国の少数民族であったアルメニア人の多くが、強制移住、虐殺などにより死亡した事件。十九世紀に入るとアルメニア人の中からカトリックへの改宗などを通じて西欧諸国の庇護を受け、特権を享受する者が現れ、ムスリム系の住民との間に軋轢が生じ始め、また富裕層の間から西欧との交流を通じて民族主義に目覚める者が現れ始めた。一八七七年の露土戦争でロシア帝国は南カフカスとアルメニア人居住地帯の北東部を占領した。アルメニア人の人口を抱え込んだロシアは、オスマン帝国領内のアルメニア人を支援するようになり軋轢が大きくなった。アルメニア人をトルコ国内にありながら外国と通謀し「テロ」を行う危険分子と見なす敵愾心が高まっていき、遂にはオスマン帝国政府による大虐殺が生じた。四月二四日は、ジェノサイド追悼記念日とされており、毎年トルコを非難する国際的なキャンペーンが行われている。死者数は百万から百五十万人の間であると考えられている。

言は、寧ろ遅きに失したというべきだ。
そして、すべての連合国と中立国に対し、国際法と人道にもとる、無防備の人種的、宗教的少数派を絶滅させようとする恥ずべき政策を止めさせるために、ヒットラーとナチス・ドイツに公的に影響力を行使するよう要請すべきであった。

［解説・コメント］

ここまで、筆者はフィッシュの意見に幾度となく異を唱えてきた。しかし、本項のユダヤ人難民問題に関する限り彼に百％賛成である。彼の見識に対して諸手を上げて賛成し、拍手を送りたい。こういう人道的な問題に対してどのような姿勢と政策を取るかは、国家の品格に関するのだ。

フィッシュの、全世界の国々にユダヤ人に対する残虐に反対するように呼びかけようという提案に対して、不可解なことに当時の米国務省は「何も知らない」と言ったとのことだが、何も知らないわけがない。一九四三年の時点で〝何も知らない〟とは驚くべき欺瞞だ。

その五年も前の一九三八年には、三十二カ国の代表者が仏に集まってユダヤ難民問題の会議「エビアン会議」を開いている。各国の代表者達は揃って、「ユダヤ人難民を救済するためには全員一致してナチス政権の政策を阻止してユダヤ難民を救済すべし」と熱弁をふるった。しかし、具体的な実行策になると異口同音に、「ユダヤ難民を救済すべきとは思うが、我が国の現状はそれを許さない」といった意味のことを述べたので、何も決まらなかった。

一九四三年四月には、ユダヤ難民問題に関して米英両国の高官レベルによる秘密会議「バミューダ会議」が行われている。両国とも大量のユダヤ難民が西側に流れ込むことを懸念するあまり、難民対策については米英両国とも何もしないことを申し合わせしたのだ。米英両国の政治史に長くのこる汚点だ。

●ホロコースト

人間がここまで非道かつ残虐になれるものか、理性的には到底考えられないので、一種の狂気であるとしか言いようがない。ホロコースト（英語：The Holocaust）とは、一般に第二次世界大戦中のナチス・ドイツがユダヤ人などに対して組織的に行った大量虐殺を指し、この場合には定冠詞〝The〟をつける。〝The〟をつけない一般名詞（holocaust）の場合は、ユダヤ教のギリシア語の宗教用語、「燔祭《はんさい》」（獣を丸焼きにして神前に供える行事）を意味し、転じて一般的な大虐殺（＝ジェノサイド）、大破壊、全滅を意味するようになった。

キリスト教が普及したヨーロッパにおいては、ユダヤ人は聖書においてはキリストの磔刑《たっけい》に関与した「神殺し」とみなされた。そしてユダヤ人全体を堕落した劣等民族と見る風潮が広まった。そうした風潮は疑似科学的な人種主義による理論的裏付けと相まって、組織的なユダヤ人迫害へと発展し、遂にはユダヤ民族絶滅政策による民族浄化運動という一種の狂気というべきものとなった。

そして、国家社会主義ドイツ労働者党（＝ナチ党）により国家の政策にまで発展したのである。ヒットラーは、ユダヤ人は、〝すべての反ドイツ的なものの創造者〟であるとし、その著書『我が闘争』において、「ユダヤ人問題の認識と解決なしには、ドイツ民族体再興の企ては無意味であり、不可能である」とまで書いている。

ドイツでは一九三三年にナチ党が権力を掌握して以来、反ユダヤ主義が国是となって、ユダヤ人に対する様々な迫害が行われるようになった。第二次世界大戦の勃発後にはそれがエスカレートして、ユダヤ人を拘束して強制収容所に送るようになった。収容所では強制労働を課す他、絶滅収容所（占領地に設置された）では銃殺、人体実験、ガス室などの大量虐殺が行われた。

戦後に行われたニュルンベルク裁判では「ユダヤ人の大量虐殺」計画が罪状の一つとして認定された。ヨーロッパではホロコーストを否認する言論を法律で禁止している国もある。しかし、当時の欧米諸国はユダヤ人問題に関しては極めて冷淡であった。当時の日本が如何にユダヤ人問題に取り組んできたかを述べる。

●日本のユダヤ人問題対策

一般的には当時の日本はドイツに遠慮して、ユダヤ人難民問題に冷淡であったとの誤解がある。杉原千畝《ちうね》のビザ発給問題はそうしたニュアンスで語られることが多い。その方が劇的で面白いのだが、全くの誤りである。中国や日本のＮＨＫまでもが、「杉原千畝が本国の指示に背いて」ビザの発給を行い、あたかも日本全体が国策としてユダヤ人問題に背を向けていたかの如きプロパガンダを行っている。〝日本政府に背きヴィザを発給した杉原〟という趣旨の映画『杉原千畝』(主演：唐沢寿明、小雪)もできている。

日本は日独防共協定、及び日独伊三国同盟を保持していたが、ユダヤ人難民問題に付いてはドイツに同調していたわけではない。それどころか幾多の救済活動を行ったので、ドイツのリッベントロープ外相からは度重なる抗議を受けていた。日本はそのすべてを跳ね返している。

この点を、日本国民はもっと明確に知るべきである。杉原千畝の通過ビザ発給の問題にしても、発給しただけではシベリア鉄道経由で敦賀に到着したユダヤ難民が夫々無事に目的地(カナダ、米国、南米、上海、日本)に落ち着くことは出来ない。それが出来たのは、日本の国策としての「ユダヤ人を公正に扱う」との方針の下での国民的な支援活動があったからである。

杉原のケースは、外務省が法令遵守の官僚主義をふりかざしたに過ぎないのであって、杉原が単独で当時の〝軍国主義・親ナチの日本政府(虚構！)〟に歯向かったわけではない。後述するようにすべて行政法や関連法規は人命救助などの緊急避難の場合には停止するので、杉原の措置こそが国策の趣旨に沿うものであった。本省の訓令を文字通りに行うことはむしろ国策の精神に反することなのだ。

最近、中国が上海ユダヤ人難民居留地をユネスコの記憶遺産に登録する運動をしており、その中で日本をドイツに与してユダヤ人を迫害に手を貸したというウソをばらまいているとのことだが、早期に糺《ただ》しておく必要がある。外務省に念を押しておきたい。

●樋口季一郎、東條英機、松岡洋右

当時、樋口季一郎少将（最終階級は陸軍中将）はハルピンに駐在していた。一九三八年の三月八日以来、ナチスの迫害から逃れようとしたユダヤ人がシベリア鉄道・オトポール駅（現在のザバイカリスク駅）まで逃げてきたのだが、満洲国外交部が入国の許可を渋って足止めされていた。彼等は寒さと飢えで死亡寸前の状態であった。

これを聞いた樋口はただちに河村愛三少佐らとともに駆けつけて、食を与え、衣類・燃料を配給し、要救護者への加療を実施し、更に満洲国内への入植斡旋、上海租界への移動の斡旋までも行った。当時、満鉄の総裁であった松岡洋右は東條英機関東軍参謀長の了承を得て、これに絶大の協力をした。この脱出ルートは「ヒグチ・ルート」と呼ばれて、数多くのユダヤ人の命を救うことになった。

日独防共協定を結んだばかりのドイツ・リッベントロープ外相から厳重な抗議が来たが、樋口は東條参謀長に対して「ヒットラーのお先棒を担いで弱い者いじめをするべきではない」と進言し、東條も賛成した。結局、日本はドイツに対しては「当然な人道上の配慮をしただけである」と言って、抗議を一蹴した。

●「ユダヤ人対策要綱」と「河豚《ふぐ》計画」

「ヒグチ・ルート」に関してナチス・ドイツから厳重な抗議が寄せられた。そこで、近衛文麿首相は、最高首脳会議である五相会議（首相、蔵相兼商工相、外相、陸相、海将）を開催して日本国としてのユダヤ人の対策方針を協議した。かねてからドイツのユダヤ人政策に批判的であった、陸軍の板垣征四郎陸相はユダヤ人支援を強く主張した。その結果、満場一致で決定したのが「猶太《ユダヤ》人対策要綱」である（全文[64]は注釈参照）。

昭和一三（一九三八）年一二月六日付の本要綱では「盟邦の独伊両国との親善関係は日本外交の枢軸なので、彼らが排斥するユダヤ人を積極的に抱擁することはしない」との留保条件下ではあるが、「ユダヤ人を公正に扱って、特別に排斥するがごときは行わないこと、日本、満洲、シナに渡来するユダヤ人は一般の外国人入国取締規則の範囲内で公正に処置する」との趣旨が定められていた。

本要綱の実施計画は、翌年以降に日産コンツェルンの総帥、鮎川義介《よしすけ》が提唱して策定作業が始まったが、通称「河豚計画」という妙な名前で呼ばれた。推進者の犬塚惟重海軍大佐が「ユダヤ人の受け入れは日本にとって非常に有益だが、一歩間違えば破滅の引き金ともなりうるもので、美味だが猛毒を持つ河豚を料理するようなものだ」と演説で語ったことに由来する。

64）ユダヤ人対策要綱全文：独伊両国ト親善関係ヲ緊密ニ保持スルハ　現下ニ於ケル帝国外交ノ枢軸タルヲ以テ盟邦ノ排斥スル猶太人ヲ積極的ニ帝国ニ抱擁スルハ原則トシテ避クヘキモ　之ヲ独国ト同様極端ニ排斥スルカ如キ態度ニ出ツルハ唯ニ帝国ノ多年主張シ来レル人種平等ノ精神ニ合致セサルノミナラス　現ニ帝国ノ直面セル非常時局ニ於テ戦争ノ遂行特ニ経済建設上外資ヲ導入スル必要ト対米関係ノ悪化スルコトヲ避クヘキ観点ヨリ　不利ナル結果ヲ招来スルノ虞大ナルニ鑑ミ　左ノ方針ニ基キ之ヲ取扱フモノトス方針

一、現駐日、満、支ニ居住スル猶太人ニ対シテハ他国人ト同様公正ニ取扱ヒ之ヲ特別ニ排斥スルカ如キ処置ニ出ツルコトナシ

二　新ニ日、満、支ニ渡来スル猶太人ニ対シテ一般ニ外国人入国取締規則ノ範囲内ニ於テ公正ニ処置ス

三、猶太人ヲ積極的ニ日、満、支ニ招致スルカ如キハ之ヲ避ク、但シ資本家、技術家ノ如キ特ニ利用価値アルモノハ此ノ限リニ非ス

実行計画の基本的な構想は、迫害から逃れたユダヤ人を満洲国に招き入れて、自治区を建設させる計画であった。移住人口を六十万人に及ぶと見積もって、その人口規模に合わせた、学校、病院などのインフラの整備、居留地の面積に関する詳細も示されている本格的なものであった。

しかし、大東亜戦争における日本の敗色により実施計画も徐々に形骸化してついには頓挫してしまった。かえすがえすも惜しまれる計画であった。もし、満洲にユダヤ人国家が建設されていたら、イスラエルとアラブ諸国の対立をめぐる中東の国際情勢はどう変わっていたことだろう。

●杉原千畝、根井三郎、小辻節三

杉原千畝は、第二次世界大戦の際にはリトアニア領事館に領事代理として赴任していた。杉原は、ユダヤ難民が亡命出来るようにと、昭和一五（一九四〇）年七月から八月にかけて外務省からの訓令に形式的にではあるが反して、大量の通過査証を独自の判断で発給した。タイミングが一九四〇年で、前述の一九三八年に近衛文麿首相が招集した五相会議で決めた「ユダヤ人対策要綱」よりも後であることに注意されたい。

問題の本省からの訓令の「通過査証は行き先国の入国許可手続を完了し、かつ旅費及び本邦滞在費等の相当の携帯金を有する者以外に発給してはならない」などと発給資格を高くして、〝緊急に避難〟しようとするユダヤ難民を事実上締め出すことは、人道に反しており、かつユダヤ人を公正に扱う精神に欠けているものであり、国策の趣旨を無視するものだった。

従って、本質的には杉原の措置こそが国策の趣旨に沿っていたものだったのだ。当時、リトアニアには約二十万八千人のユダヤ人がいたが、杉原ビザによって脱出できた六千人以外の約二十万人は脱出できなくて、全てドイツによって拘束されて殺されてしまった。

脱出できたユダヤ人たちは、シベリア鉄道に乗って続々とウラジオストクに到着した。日本のウラジオストク総領事館の根井三郎総領事代理は難民たちの窮状に同情して、昭和一六（一九四一）年三月三〇日に本省あてに打電して「一度杉原副領事が発行したビザを無効にする理由がない」と主張し、かつ「日本の領事が出した通行許可書を持ってやっとたどりついた難民に対して乗船許可を与えないのは、日本の外交機関が発給した公文書の威信を損なうことになる」と主張した。外務省の官僚的形式主義を逆手に取ったわけだ。こうして難民は何とか日本の敦賀に迄はたどり着いた。

敦賀では、全米ユダヤ人協会からの緊急依頼を受けた日本交通公社が、ユダヤ難民救済協会から送金された現金を各人に手渡し、敦賀駅までのバス輸送や神戸・横浜までの鉄道輸送手配、乗船手続き等を行った。

当時の松岡洋右外務大臣はビザ発給禁止の責任者だったが、ナチスのユダヤ絶滅政策に同調していたわけではなかった。松岡は、難民たちの対応に奔走していたユダヤ学者の小辻節三に対して「避難民は入国するまでは外務省の管轄だが、一旦入国してしまったら後は内務省警保局外事部の管轄となり、滞在延期については各地方長官の権限に委ねられている」と耳打ちをして、知恵をつけた。

小辻は管轄の地方官吏たちと大車輪で交渉を行った。こうして、日本に到着した難民の大部分が無事に南米に向かうことが出来た。うち千人程は米国やパレスチナに向かい、残りは後に上海に送還されるまで安全に日本に留まったのである。

大戦終結後、当時の岡崎勝男外務事務次官は、本来ならば人道に背く訓令を詫びて、国策の精神に沿った措置をして国家の品格を救ってくれた杉原に謝辞を述べて当然であったのに、反対に、訓令に違反してビザを発給した責任を咎めて、〝依願退職〟の形で退職するように迫った。外務省は、ＨＰ[65]で公式見解として次のように述べている。

先ず、「外務省として、杉原副領事は、勇気ある人道的行為を行ったと認識しています」と、一応は評価しているかの如き表現をしている。ただし、「外務省において保管されている文書により確認できる範囲では、昭和一五（一九四〇）年当時、『ユダヤ人に対しては一般の外国人入国取締規則の範囲内において公正に処置する』こととされていましたが、杉原副領事は外務本省の『通過査証は、行き先国の入国許可手続を完了し、旅費及び本邦滞在費等の相当の携帯金を有する者に発給する』との指示にある要件を満たしていない者に対しても通過査証を発給したと承知しています」とも述べて訓令違反があったことを指摘している。暗に外務省としてはこの点を無視するわけには行かないから、後日、杉原を処罰したのであるという伏線を張っている。

しかし杉原の処遇については、「外務省において保管されている文書により確認できる範囲では、杉原副領事に対して懲戒処分が行われたとの事実はありません」と述べて、卑怯にも処

65）外務省ＨＰ：http://www.mofa.go.jp/mofaj/comment/faq/area/europe.html

罰はしていないといっている。処罰された杉原の名誉回復を図らなければならない所なのに、そんな気配もない。

杉原副領事は昭和二二（一九四七）年六月七日に〝依願退職の名目〟で外務省を強制的に退職させられた。依願退職だから記録がないのは当たり前だが、事柄の本質を糊塗する恥さらしの言い訳に過ぎない。依願退職の措置は、いわば斬首刑に処するところを、罪一等を減じて切腹にしたというだけで、サラリーマンにとっては死刑（馘首《かくしゅ》）であることには変わりはない。日本外務省は杉原を退職させることにより、日本の品格と外交的立場を格段に高める絶好の機会をみすみすと捨て去ったのである。

それでも平成三（一九九一）年に至り鈴木宗男外務政務次官（当時）は杉原の名誉回復を図ろうとしたのだが、とにかく省内の反対が多かった由だ。当時の佐藤嘉恭官房長は、「名誉回復は必要ない、杉原さんが責任を取らされてクビになったという事実はないので、そっとしておくのが一番だ」と主張した。それでも鈴木宗男は外務省幹部の反対[66]を押し切って幸子未亡人を招き、杉原の人道的かつ勇気ある行動を高く評価して、それまでの五十年にわたる外務省と杉原副領事遺族の間の意思疎通を詫びた。更に平成一二（二〇〇〇）年一〇月には、河野洋平外相（当時）も、幸子未亡人に直接それまでの無礼を〝外務大臣として〟謝罪した。

前述の外務省ＨＰにおける本件に関する表現はもう何十年と変わっていない。ＮＨＫまで

66）当時の外務事務次官は小和田恒氏であったが、「鈴木宗男外務政務次官が謝罪することに（私が）反対したという記憶はない」と述べているので、当時、省内には賛否両論があったものと考えられる。

もが同様な趣旨で番組編成を行っている。このままでは、「杉原は、当時の日本の軍国主義・親ナチ政府に一人で逆らってビザを発給した例外的な外交官であったので、帰還後、処罰された」ということにされて、中国がユネスコに申請中の「上海ユダヤ難民資料」に登録されてしまう。

真実は「日本とドイツは同盟関係にあったが、日本はユダヤ人難民問題については同調せず、ユダヤ人を公正に扱うことを国策として決めていた。それにもかかわらず外務省の担当官が形式的手続き論を振りかざして実質的に不公正な扱いをしようとしたので、杉原が国策の趣旨に沿った措置を行ったものである。当時の外務省担当官が犯した小役人的な誤りについては、後日、鈴木宗男外務政務次官、及び河野洋平外務大臣が遺族に謝罪して公式に名誉回復を行った」である。これは、国家の品格にかかわる問題だ。何とかならないものだろうか。

●ルーズベルトの死

ルーズベルトは一九四五年四月一二日の昼食後に脳卒中で倒れて他界した。訃報に接した鈴木貫太郎は、その僅か五日前の七日に総理大臣に就任したばかりであったが、次の哀悼のメッセージを世界に発信した。

「今日、アメリカがわが国に対し優勢な戦いを展開しているのは亡き大統領の優れた指導があったからです。私は深い哀悼の意をアメリカ国民の悲しみに送るものであります。しかし、ルーズベルト氏の死によって、アメリカの日本に対する戦争継続の努力が変わるとは考えておりません。我々もまたあなた方アメリカ国民の覇権主義に対し今まで以上に強く戦います」

これと対照的に、アドルフ・ヒットラーは、国内向けのラジオ放送でルーズベルトを口汚く罵った。鈴木首相の弔意に、アメリカに亡命中であったドイツ人作家トーマス・マンは深く感動して、英国ＢＢＣ放送で以下の声明を発表して、鈴木貫太郎総理の武士道精神を称賛した。

「ドイツ国民の皆さん、東洋の国日本にはなお騎士道精神があり、人間の死への深い敬意と品位が確固として存する。鈴木首相の高らかな精神に比べ、あなたたちドイツ人は恥ずかしくないですか」

鈴木首相の弔辞は戦時下ではあったが世界の多くの人々に感銘を与えたという。

しかし、こうしたことは日本人にとっては特別なことではない。日本人の遺伝子には、死者を畏れ敬う心が刻み込まれているからだ。日本人の死生観には、たとえ敵であろうとも死者に対する敬意と、死者の関係者の感情を思いやる気持ちがある。

中国が一九三七年に北京郊外で起こした通州事件や、一九四六年に吉林省で起こした通化事件におけるような、遺体を切り刻んだり虐殺した女性の陰部に棒を突っ込んだりして辱めるようなことは、日本人は絶対にやらない。中国が「南京大虐殺記念館」で日本人の仕業として陳列しているような行為は、自国の歴史書、資治通鑑[67]に記されているような中国人が行った残虐行為を日本人がやったと偽っているだけだ。

67）資治通鑑：紀元前五百年から紀元一千年頃までの千五百年間の中国の歴史を、北宋（九六〇―一一二七年）の政治家である司馬光がまとめた全二百九十四巻に及ぶ大著の歴史書。日本人には、到底正視できないような中国人が行った数々の残虐行為が記されている。

日本の歴史上、最も残虐な事件とされているのは、豊臣秀吉が謀反を疑って養子の関白秀次に切腹させて、その妻妾子を処刑したことだ。その時でも三条河原に四十メートル四方の堀を掘って鹿垣を結んだ中で迅速に処刑が行われた。勿論死者を辱めるような所業はない。この秀吉の仕打ちは武人にあるまじき非道な暴挙として長く非難の的となり、この行為について秀吉は長く軽蔑の的となったのである。

秀次らの処刑の跡地には、供養のために浄土宗寺院の「瑞泉寺」(京都市)が建立された。同寺には、秀次の一族の処刑の様子を描いた絵巻「瑞泉寺縁起」が残されており、この秀吉が行った残虐行為は「暗黒の歴史」として長く武人の戒めとなった。残虐行為が行われた跡地に、中国人が犠牲者を弔う寺などの施設を建立したなどという話は聞いたこともない。

結語と追記

この後、原本には、〝結語〟と〝追記〟が付されている。しかし内容には本文との重複が多いし、叙述もフィッシュらしからずくどい。特に考察すべき論点もないと思われるので、結語については全文を、追記については概要のみを夫々記しておく。

■結語（百五十七ページ）

［原文引用］

われわれは、いかにして強大な力を持つ大統領が、巨大なプロパガンダ機構を意のままに操って、国民に、いかなることをも信じこませてしまうことができるかをみてきた。これは特に、事実上、マスコミ全部を味方につけることのできる、強力なリベラル派の大統領の場合にあてはまる。

アメリカ国民、東西ヨーロッパの人々、ユダヤ人、国民党の中国人たちにとって第二次大戦で払った犠牲の傷はまだうずいている。歴史のコースを変えてしまった、この大戦がもたらしたものは、永遠にわれわれにつきまとうであろう。

その責任の大半は、フランクリン・ルーズベルトにあるのだ。

われわれは、果たして過去の指導者たちの過ちから何を学ぶであろうか。アブラハム・リンカーンは、こういった。

「アメリカ国民に、真実を語れ、さすれば、国は安全ならん」

そこで、私は、こう言いたい。

「昨日の真実について語る者に耳を傾けよ、さすればおそらく、明日は、平和の日がくるであろう」

■「追記―I」真実を隠蔽した罪びとたち（百五十九ページ）

［原文要約］

米国にはジョン・トーランドという、すぐれた作家がいる。彼は、どうやって合衆国が第二次大戦にまきこまれたのかを、最も厳重な隠蔽工作にもかかわらず明らかにした。彼の著書『恥ずべき行ない――パールハーバーとその後』は、私の本と同じく事実に即している。**トーランドの本は、私が執筆時には、確かな証拠がなかったため、強調することができなかったギャップを埋めてくれた。**

トーランドは、ルーズベルト（大統領）、**ハル**（国務長官）、**スティムソン**（陸軍長官）、**ノックス**（海軍長官）（後者の二人は、共和党員であるが）、マーシャル将軍、（海軍作戦部長）スターク提督の全員が、日本艦隊がパールハーバーを目ざしていたのを知っていたのにもかかわらず、故意にハワイのキンメル提督とショート将軍へ何も警告をしないことにしていたという事実を、疑いの余地なく証明したのである。

キンメル提督とショート将軍は、ルーズベルト大統領と彼の閣僚たちが、司令官に日本艦隊の接近を通報しなかったという恥ずべき犯罪の犠牲となったのだった。

パールハーバーの十日前、ルーズベルトとコーデル・ハルの二人は、日本に開戦を強いるために日本に対して最後通牒を発していた。その結果、大統領と彼の戦争内閣の五人の閣僚は、ハワイで死んだ三千人の青年たちの死に責任があるだけでなく、三十万人の死者、七十万人の負傷者、そして数兆ドルの費用を必要とした第二次大戦へわれわれをまきこんだ責任がある。

（中略）

ニクソン大統領は、彼の知らないうちに、ワシントンのウォーターゲートにある民主党本部へ数人の下級の公務員が侵入したという理由で十字架にかけられた。ニクソンはこの侵入を承知していた何人かの部下を庇おうとして、大統領を追われたのだ。

他方、ルーズベルトは、国民を史上最大の血生臭い戦争に引きずり込んだにもかかわらず、公の非難と弾劾を免れたのである。

ルーズベルトの所業の中で、もっと破壊的かつ破滅的であったのは、連合国の勝利の果実を、ヨセフ・スターリンに譲り渡したことである。スターリンは、それまでに二千万人もの自国民を粛清した無慈悲な血にまみれた独裁者であったのだ。

更にルーズベルトは、満洲の大部分と中国の重要な港をスターリンの手に渡すことによって、友人であった筈の蒋介石をも裏切った。大統領は、議会に対して秘密協定は一切結んでいないと主張したので、彼の中国に対する裏切りは、彼が死ぬまで誰にも知られなかった。

当時、私は日本に対する最後通牒について何も知らなかったし、ハワイのキンメル提督とショート将軍に対して日本軍の動静についての情報を隠すための、ルーズベルトと彼の戦争内閣による隠蔽工作については全く承知していなかったのだった。すべての議員たちや国民と同じく、私も徹頭徹尾、合衆国大統領に欺かれていたのだった。

ジョン・トーランドの著書には、次のように続けて述べられている。

「一二月四日までに、ルーズベルトとスティムソン、ノックス、マーシャルを含む少人数のアドバイザーたちには三つの選択があった。第一の選択は、日本の機動部隊が接近しつつあるということを関係者全員に知らせることだった。そうすれば日本側は引き上げざるを得なかったであろう。

第二の選択は、少なくともショートとキンメルには日本の空母がハワイの北西にいることを知らせて、すべての長距離哨戒機を派遣するよう命じることであった。日本の機動部隊は隠密裏に動くことを前提にしていたのだから、機動部隊は戻らざるを得なかったであろう。

そして、第三の選択は、(ルーズベルトはこれを選択したのだが)在ハワイ関係者全員に何も知らせず、日本側が易々と攻撃を開始することを保証することだった」

そして、トーランドはこのように要約している。

「一二月六日から七日の間にアメリカの制服と文官の指導者は信じ難い行動をとった。ノックス、スティムソン、スターク、そしてハリー・ホプキンス（商務長官）は、一二月六日のほとんど一晩中、大統領とともにホワイトハウスで過ごして、予期した通りにパールハーバーに対する攻撃が来るのを待っていたのである。マーシャル参謀総長は、十一時二十五分までオフィスへ行かなかったと主張しているが、ハリソン少佐が彼を十時頃に陸軍長官室で会って、話をしたといっている。『将軍は乗馬のために外出中だったといっているが、誰が何と言おうとも、それは嘘である』。参謀総長は、真相を明かさないよう、何人かの部下に誓約をさせたのであり、またパールハーバーの前日、自分がどこにいたのか、都合よく忘れてしまったのである。

私（フィッシュ）は議会の席に居た間、この不名誉な出来事を明らかにする証拠を持っていなかった。ルーズベルトの友人たちの中には大統領を弁護するために、結果は手段（隠蔽工作）を正当化する。ゆえ（ルーズベルトは自己の信条を実行するため）に真実が、アメリカ国民の目から遠ざけられたのだという者もあるであろう。

しかし、それが言えるのならば、ヒットラーやスターリンに対しても同じことが言えることになってしまうのであろう。

■「追記―Ⅱ」　欧州の共産主義支配計画（百六十九ページ）

［原文要約］

ルーズベルトが、ヨーロッパの国際秩序をどうするかについての彼の計画は、合衆国を戦争にまきこんだ工作と同じくらい恐ろしい衝撃的なものであった（筆者注：いくら何でもこんなことを、〝彼の計画〟とまでいうのは言い過ぎではないだろうか。ルーズベルトは容共主義者に囲まれて影響を受けたが、決して共産主義者ではなかった。〝彼の予測〟くらいに理解するのが妥当ではないか。以下、同様）。

テヘランとヤルタにおける会談で、スターリンが欧州を共産主義化する計画が根を広げたのである。ルーズベルトがこれを助け、チャーチルが手伝った。これは、ルーズベルトの自由世界に対する裏切り行為である。

ルーズベルトは、彼の醜悪な計画を、一九四三年九月三日、（テヘラン会談の三カ月前）ホワイトハウスで、親しい友人で後に枢機卿となったフランシス・スペルマン司教に大要を説明し、スペルマンはこれに基づいて覚書を作った。その覚書に記されているルーズベルトの意図は、宥和的というより、むしろ卑劣な敗北主義というべきものであり、血が凍る思いがする。

そのスペルマン覚書には、ルーズベルトが**「スターリンは、フィンランド、バルト海諸国、ポー**

ランドの東半分、そしてベッサラビアを確かに受け取るだろう。さらに東ポーランドの住民は、ロシア人となることを欲している」と言ったとある。ルーズベルトが、必死に自国の自由を守ったフィンランド人の同意も得ないで、フィンランドをロシアに与えることに同意したとは驚くべきことだ。ルーズベルトの周到に工夫されたプランによれば、世界はいくつかの勢力圏に分割される筈であったとのことだ。すなわち、「中国は、極東を取り、合衆国は、太平洋を得る。そして英国とロシアは、ヨーロッパとアフリカを得ることになる。しかし英国は、植民地に主な利益を有するがために、ヨーロッパでは、ロシアが、優越的立場を占めるであろうとも推定される」とのことだ。

つまり戦争が終結する一年半以上も前に、ルーズベルトはロシアに、その勢力圏としてヨーロッパを与えることに合意していたのだ。心やさしいアメリカ大統領は、また、次のように期待していた。「(前略) 共産主義の支配は恐らく、拡大するだろう。しかしフランスは、もしレオン・ブルーム(筆者注:開戦前のフランス首相でユダヤ系社会主義者。ホロコースト生還者)のような政権を持てば、最終的には共産化を免れるかもしれない。人民戦線はきわめて進歩的であるから、結局、共産主義者は、それを受け入れることになるかもしれない」

さらに、ルーズベルト大統領は続けた。

「われわれは、ロシアの驚くべき経済的成果を見落とすべきではない。財政は健全である。もちろんヨーロッパの国々が、ロシアに適応するためには大がかりな変容を経なければならないのは自然の成り行きである。ヨーロッパの人々(これには、フランス、ベルギー、オランダ、デンマーク、

ノルウェー、そしてもちろん、戦争中の敵国であるドイツとイタリアも含まれる）は、十年、二十年先に、ロシア人とうまくやっていけるようになるという希望を持って、ロシアの支配を、ただ甘受しなければならない」

**　このルーズベルトの発言は恥ずべきものである。ヨーロッパの国々の自由に対する裏切り行為を提案しているものだ。**

　ルーズベルトの発言は、**連合国の戦争目的を戯画化し、『大西洋憲章』を揶揄するものであり、そして、われわれの兵士たちのヨーロッパにおける尊い犠牲を否定するものである。それは、これらの英雄たちの死を無駄にさせてしまうものである。**

　スペルマン司教の覚書は続く。

「ロシアの生産能力は非常に高いので、トラック以外のアメリカからの援助は勘定に入れなくてよい（ネグリジブル）」

　これは事実と異なる。事実は、ロシアの大部分の工場はドイツ軍によって破壊されていた。アメリカは、ロシアに対して百十億ドルの借款を行なった。武器貸与法に従って、スターリンが受け取ったのは、百十三億ドルもの金額に上る。内訳は、二万機の飛行機、四十万台に近い数のトラック（この数は、ドイツ軍がロシアを侵略した時に、共産主義者たちが保有していたトラックの台数の二倍に等しい）、そして靴用の大量の革、制服のための布、数百マイルに及ぶ有刺鉄線と電話機、蒸気機関車、自動車、莫大な量にのぼる必要食料、さらには、新たに工場を作るための機材などである。

スペルマン司教は、ルーズベルトの個人的な特使として、ヨーロッパ、アフリカ、南米を廻る六カ月間の旅行をした。この覚え書きの会見はその旅行からか帰ってから行われたものだ。

この話はルーズベルトからチャーチルに伝えられたと考えられるが、私（フィッシュ）には、どうしてチャーチルがこんな破壊的な話に同意したのか分からない。英国が、ロシアと共同して、ヨーロッパとアフリカの支配にあたることになっていたとしても、チャーチルは、ただ部分的な、もしくは、生ぬるい返事をしただけという可能性がきわめて高い。

チャーチルは、共産主義に対する明確な恐れと嫌悪の感を持っていた。従って、たぶんチャーチルはルーズベルトに面と向かってはっきりと反対することはしないで、秘かに、しかし効果的な方法で、この恐ろしい計画全体を潰す方策を考えようとしたのだろうと思われる。英国は、スターリンが、フランス、ベルギー、オランダを支配することを望んでいなかったのは明らかである。

（若しも、ルーズベルトが死んでしまわずに生き延びて政権を保持したままでいて）、こんな恐ろしい構想が実現していたら、**共産主義者は数年で完全な支配権を握り、力と暴力で、フランスと他の西ヨーロッパを共産化してしまったであろう。そして、世界のいたるところで自由は惨憺たる打撃を受けていたに違いない。**

ルーズベルトがこうした陰謀をたくらんでいたことは明らかにすべきである。これを隠すことは、アメリカの将来にとって危険である。

（原本紹介終わり）

おわりに

　過去の日本を暗黒の時代と決めつけて、日本を貶め続けた知識人たちの責任は大きい。共産主義者のハーバート・ノーマンの著作『日本における近代国家の成立』や、『忘れられた思想家、安藤昌益』等は大内兵衛、丸山真男、都留《つる》重人、羽仁五郎、中野好夫、加藤周一、渡邊一夫、等の当時の超一流の知識人たちによって絶賛されたものだ。日本人は贖罪意識に苛まされたが、同時にそうした自己を蔑み反省をする姿には甘美な陶酔感さえもあり、それが自虐史観として顕れた。

　慰安婦問題、靖国神社参拝問題、南京事件、等々は全て日本人が自ら火をつけたものばかりだ。これらの虚偽を打破して歴史の真相を明らかにしようとする努力は、筆者を含めた幾多の研究者や評論家によって行われてきたのであるが、どうしても打破できていない厚い壁があった。その壁を突き破るためには、日本人だけでは限界があるので、歴史の現場にいた当事者の正義感に基づく告発が必要になってくる。

　ハミルトン・フィッシュやハーバート・フーバーのような重要な立場にいて機密の情報にも触れることができた人間の発言は極めて説得力があるから、この厚い壁を打破するためには極めて有効だ。

　晩年の牛場信彦（外務事務次官、駐米大使などを歴任）氏が、そうした一連の事情を明らかにしたこのフィッシュの著書を読んで感動し、当時の後輩の外交官、岡崎久彦氏に邦訳して日本で刊行できないかと相談をかけた。それが原本の邦訳が出るきっかけであった。それは、牛場氏が亡くなるたった数カ月前のことだった。現在では牛場・岡崎ご両氏とも故人となってしまったが、筆者はご両人に成り代わって原本および本書をすべての日本人に読んで欲しいと切望している。

ハミルトン・フィッシュは、米国の二大政党の一方の共和党の党首まで務めた重鎮で、正義感あふれる愛国者あった。彼は一八八八年にニューヨークに生まれて一九九一年に百二歳（！）で没した。当時の米国の下院議員としては最長命の記録であった。彼の生まれたニューヨークには、ルーズベルトも住んでいた。初めは仲が良かったとのことだが、ルーズベルトの陰険かつ好戦的な性向を知るに及んで袂を分かった。

以後、ルーズベルトの方もフィッシュをその政敵である共和党の実力リーダーとして最も恐れたと言われている。フィッシュはハーバード大学に学んだが、学生時代には文武両道の優秀な学生だった由。フットボールの名選手としても名を鳴らし、全米チームの選手にも二回も選ばれたほどである。

その後ニューヨーク州議会の議員を経て、一九二〇―四五年の間、下院議員（共和党）を務め、ついには党首にまでなった。しかし、政治家としてはどうであったろう。フィッシュは直情径行だから信用できるし、筆者が最も好きなタイプだ。しかし政治家としては権謀術策の世界で勝ち続けることが出来なければ役割を果たすことが難しい。筆者は、嘘がつけなければ政治家の資格がないなどといっているわけではないが、公人と私人の立場をきちんと使い分けることができなければ一国を代表して国民の生命と財産を護ることは出来ない。

例えば私人としては死刑反対の意見を持つ裁判官が、何人も殺した極悪人にも死刑を宣告できないのでは公人としての役割を果たすことが出来ない。そうした観点からは安倍総理の私人公人の使い分けは見事と思える。平成二七（二〇一五）年五月の米国訪問において、歴史修正主義者として知られていた安倍総理が何をいうかと心配をしていた米国議員の前で、先の大戦は日本にも責任があると譲って見せて、彼らを安堵させたのは見事であった。

安倍首相が私人としての信条を優先させて、米国で歴史認識について激論を戦わせて対立していたら、日本の長期的な安全保障に重大な支障が生じていたであろうから、国益を損なうことになる。安倍総理の変節として批判する保守の論客も多かったが、間違っていると筆者は考える。

なおフィッシュは、〝Tragic Deception（悲劇的欺瞞）〟を書く七年前の一九七六年にも、〝FDR: The Other Side of the Coin.〟（邦訳『ルーズベルトの開戦責任：大統領が最も恐れた男の証言（三百五十八ページ）』（渡邊惣樹《そうき》 訳：草思社　二〇一四年）という大部の著作を著している。後年に書かれた原本の方が先に邦訳されて刊行（一九九二年）されたものだ。原本の方が簡略にまとめられているが、その説得力と内容の迫力は大部の前著に劣らない。

この両著作とも、フィッシュはおそらくルーズベルト本人ならびに関係者の死後まで辛抱強く待ち、更にベトナム戦争が終わるのまで待って、ようやく一九七六年及び一九八三年にそれぞれ刊行したものだ。一九四五年の日本のポツダム宣言受諾による終戦から数えて夫々三十一年後、及び三十八年後のことであった。フィッシュの執筆時の年齢は夫々八十八歳と九十五歳であった。

おそらく内容が当時一般に信じられていた史実とあまりにもかけ離れており、かつ激烈であったので時間を置いたものだろう。真実であったとはいっても、当時の米国社会に混乱をもたらしかねない内容であることをおもんばかったものと思われる。しかし、真相を語ることが、いつまでも歴史修正主義のレッテルを張られて無視され続けられる風潮への批判精神から、刊行に踏み切ったものと思われる。フィッシュには、米国社会もそろそろ歴史の真実を直視すべき時が来たとの想いがあったものだろう。

●真珠湾事件の真相が明るみに出る日

米国には、しっかりした公文書公開制度があって、たとえ自国に不利な文書でも順次公開されている。米国のフェアーな所だ。機密に属するものでも通常は三十年後には公開される。ところが真珠湾事件に関しては、本文に述べた通り一九四一年から二〇〇〇年の六十年近くの間に実に十一回も上下両院、陸軍、海軍、及び各種専門機関による独自の調査によって、ルーズベルトの犯罪行為がすっかり明らかになってしまった。

米国は愕然として頭を抱えこんでしまった。何故ならば、真珠湾の日米開戦、東京大空襲、原爆投下、東京裁判、等々を正当化するためには、何としてでも日本を悪者のままにしておく必要があったからである。そこで、機密指定期間を例外的に六十五年に指定した。キンメルとショートの両司令官の名誉回復の資料などは、二〇六五年の公開となる。ただ、その頃は、筆者は確実にこの世にはいない。

しかしそれまで待たなくても、本書を含めて多くの研究書により真相が徐々に明らかにされつつある。しかし、日本が同盟国の米国に対して、恨みを言って責めても得るところは殆どない。韓国は国中がルサンチマン（怨恨、妬み、憎悪などが内攻、屈折している状態）に取りつかれているが、日本は違うのだ。それでも、日本人が自虐史観から脱却して誇りを取り戻すためには、こうした歴史の真相を知る必要がある。その上で恩讐を越えた強固な同盟関係を築き上げるべきである。

歴史に「タラ、レバ」はないし、仮定の姿を想像しても意味が無いことは判っている。それでもなおかつ筆者は、若し当時のアメリカの政界が共和党の支配下にあって大統領がルーズベルトではなくフィッシュであったならば、日本軍の痛ましい特攻隊の悲劇も、玉砕も、東京大空襲も、また原爆投下も全て無く、日本が蒙った災害と、数百万人にのぼる人命は救われていたに違いないと思わざるを得ない。

（完）

◆著者◆
青柳 武彦（あおやぎ たけひこ）
（元）国際大学教授、学術博士。
昭和9年　群馬県桐生市生まれ。県立桐生高等学校卒。1958年東京大学経済学部卒業、伊藤忠商事（株）に入社。同社シドニー店食品部長、本社農産食品部長、伊藤忠システム開発（株）取締役等を歴任。1985―1997年、伊藤忠とＮＴＴの折版出資合弁会社の日本テレマティーク（株）社長、会長。1995―2006年、国際大学グローコム副所長・教授、2006―2016同客員教授。研究領域は、経済学、経営学、財政学、情報社会学、法律学、国際政治学、安全保障論と多岐にわたっており、社会科学のジェネラリストを自任している。
著書：『ビデテックス戦略』（インフォメーションサイエンス）、『サイバー監視社会』（電気通信振興会）、『個人情報“過”保護が日本を破壊する』（ソフトバンク新書）、『情報化時代のプライバシー研究』（ＮＴＴ出版）、その他多数。

カバー写真（表１）：amanaimages

ルーズベルトは米国民を裏切り日本を戦争に引きずり込んだ
アメリカ共和党元党首Ｈ・フィッシュが暴く日米戦の真相

平成 29 年 2 月 19 日　第 1 刷発行
平成 29 年 4 月 11 日　第 2 刷発行

著　者　青柳 武彦
発行者　日高 裕明
発　行　株式会社ハート出版

〒171-0014 東京都豊島区池袋 3-9-23
TEL.03（3590）6077　FAX.03（3590）6078
ハート出版ホームページ　http://www.810.co.jp

定価はカバーに表示してあります。

ISBN978-4-8024-0034-3　C0021
乱丁・落丁本はお取り替えいたします。ただし古書店で購入したものはお取り替えできません。

印刷・中央精版印刷株式会社